チェプストー城　右上にワイ川、城の東端（写真右下）にマーテンの塔と大手門が見える。大手門に続く中庭の川沿いにあるのが13世紀に建てられた居住区跡。この中庭奥に円筒形の塔で補強された門があり、中の中庭に通じている。堤の最も狭い部分にそびえるのが1070年頃に建てられた大塔。その奥が上の中庭で、外塁と西門に通じている（英国環境省）。

目次

まえがき――チェプストー城……11
第一章　城、海を渡る……16
第二章　城のあるじ……42
第三章　住まいとしての城……75
第四章　城の奥方……95
第五章　城の切り盛り……124
第六章　城の一日……144
第七章　狩　猟……162
第八章　村人たち……191

中世ヨーロッパの城の生活

ジョゼフ・ギース／フランシス・ギース
栗原　泉 訳

講談社学術文庫

第九章　騎　士……216
第十章　戦時の城……244
第十一章　城の一年……268
第十二章　城の衰退……283
訳者あとがき……292

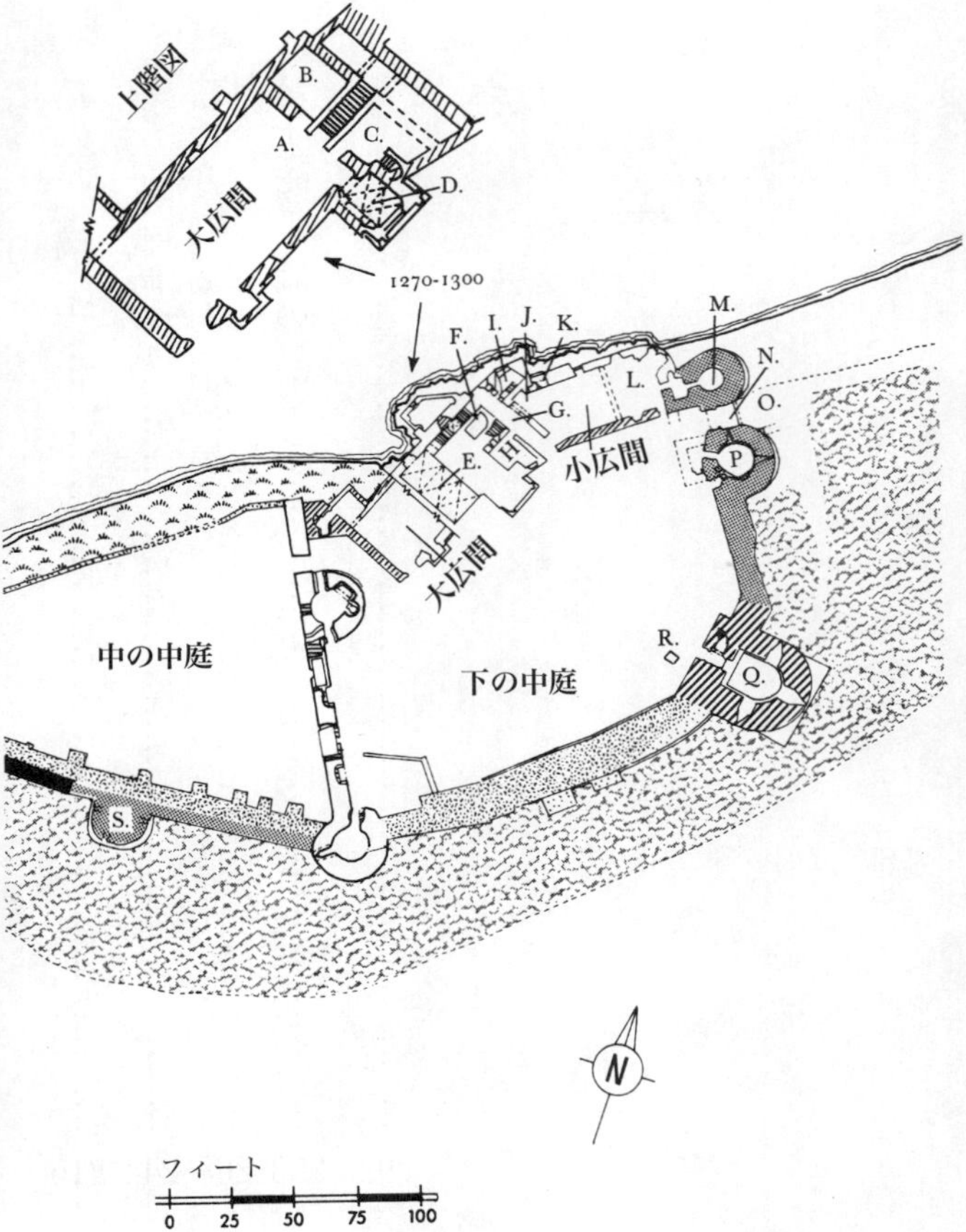
上階図
A.
B.
C.
D.
大広間
1270-1300
F.
I.
J.
K.
M.
N.
O.
L.
G.
E.
H
小広間
P
大広間
中の中庭
R.
Q.
下の中庭
S.
N
フィート
0
25
50
75
100

チェプストー城

主要施設

A．間仕切りがあった場所
B．献酌係の準備室
C．配膳室
D．ポーチ
E．地下食糧庫
F．献酌係の準備室
G．通路
H．配膳室
I．トイレ
J．丸天井の一画
K．かまど
L．寝室（上階）
M．牢獄
N．大手門
O．外塁があったと思われる場所
P．門衛室
Q．マーテンの塔
R．井戸
S．土盛り
T．脇門
U．壊れた塔の内壁
V．裏門
W．西の城門
X．門があった場所
Y．回廊

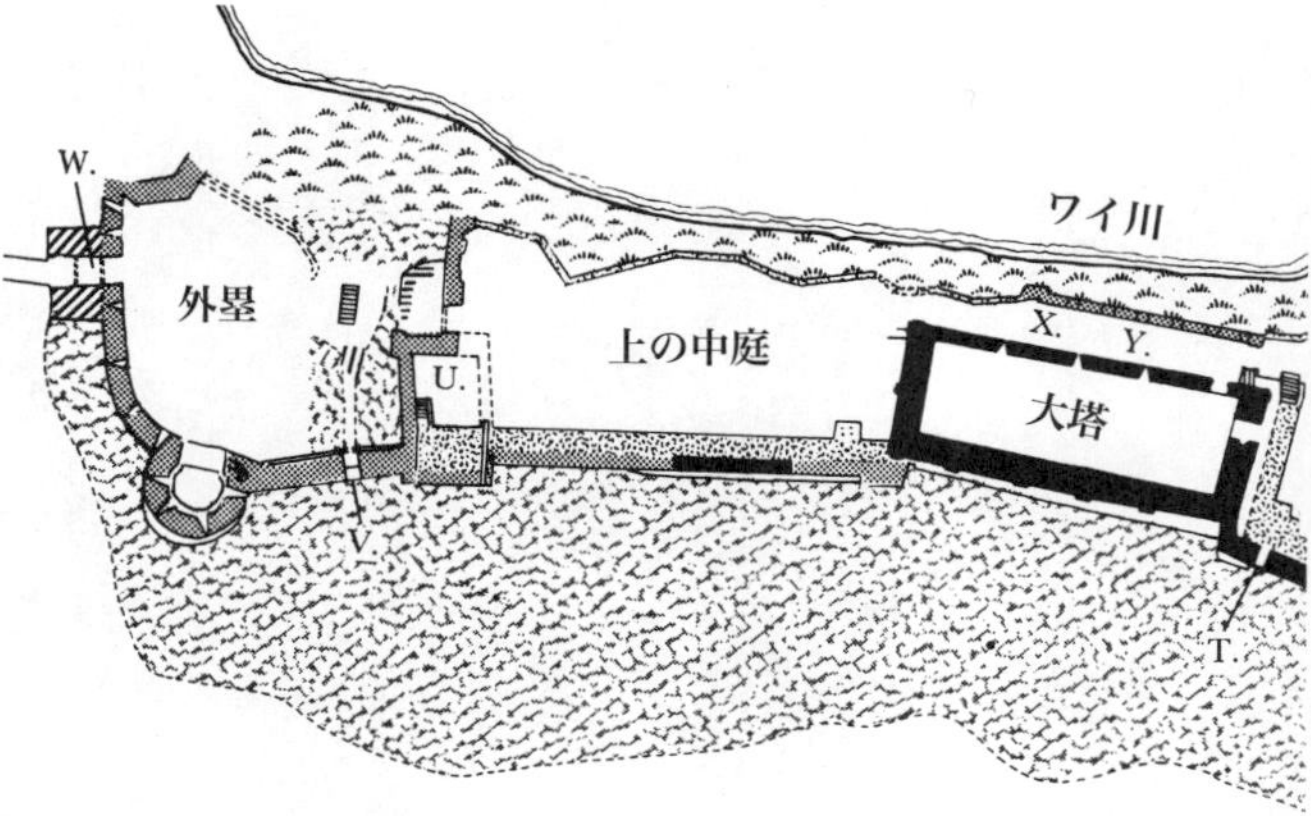

築城・改築年代

1067〜1072年
1190年頃
1225〜1245年
1270〜1300年
1525〜1550年
1650年頃
1650年以降
不明

中世ヨーロッパの城の生活

まえがき――チェプストー城

　セヴァーン川(1)の河口に架かる大吊橋の北方、モンマスシャーのウェールズ境界近くで、ワイ川を睥睨《へいげい》しながら狭い堤の上にそびえ立つのがチェプストー城である。眼下に広がるワイ川は、セヴァーン川が満ちれば船が通れるようにもなり、潮が引けばほぼ乾ききった干潟《ひがた》にもなりと、絶えずその姿を変えている。

　このワイ川の対岸から眺めると、チェプストー城は実にがっしりとしていて、ほとんど無傷の石造要塞のように見える。城は東西に長々と伸び（全長約二二〇メートル）、銃眼を設けた城壁は矩形《くけい》や円筒形の堅固な塔で支えられている。使われている石材は灰色の石灰岩から黄色や褐色の砂岩までさまざまである――どうやらこの城は長い年月をかけて何回にもわたって建造されたようだ。

　東の端にある大手門を通って城郭内に入ると、広さ一八平方メートルほどの草深い中庭に出る。大手門から南へ伸びる城壁は高さ一二メートルほどで、これは城の南東の隅にそびえる巨大な半円筒形の塔まで続いている。この塔はマーテンの塔と呼ばれているが、これは時代が下って十七世紀、ヘンリー・マーテンなる政治犯が最期《さいご》を迎えるまで二〇年間というも

チェプストー城、（東の）大手門およびマーテンの塔（英国環境省）

の、この塔に幽閉されていたためについた呼び名だという。この中庭の北側、つまりマーテンの塔の向かい側には十三世紀に建てられた一群の建物が並んでいる。この部分は居住区と呼ばれ、ワイ川の岸にそそり立つ城壁にぴたりと沿うように建てられているが、よく見ると、ここは石造りのふたつの広間と居室、穴倉、貯蔵室、そして——川の真上にくるように作られた——トイレになっていることがわかる。

城郭内で最も東寄りにあるこの中庭は、下の中庭《ロウアー・ベイリー》と呼ばれている。下の中庭から西に進み、守備塔のある内門を通ると、中の中庭《ミドル・ベイリー》と呼ばれるもうひとつの囲い地に出るのだが、この奥にそびえるのが大塔《グレート・タワー》である。城郭全体と同様に東西に長く、堤の最も狭い部分をほぼ占有するこの大塔は、今や床も屋根もなく、上階の半分は破壊されて、外郭しか残っていない。チェプストー城のなかでは最も古く、十一世紀に建造がはじまった大塔は、居住区が設けられるまでは城の生活の中心であった。この大塔は二度にわたる改築で二階建てから三階建てになったのだが、ここで使われている石材や建築の細部にチェプストー城の最も古い形を見て取ることができる――巨大な黄色の石塊が土台となって目の粗い黄色い小石でできた壁を支え、その壁のところどころに開いている小さな窓や出入り口は半円アーチ形（ロマネスク様式）になっていて、上部に四角いまぐさ石が架かっているものもある。十三世紀の半ば頃（一二二五～五〇年）におこなわれた最初の改築の特徴は、目の粗い石灰石が使われたことだ。このとき、西側の三分の一に三階部分が加えられ、二階の窓や出入り口が広げられて尖塔《せんとう》アーチ形（ゴシック様式）に変わり、凝った装飾が施された。十三世紀末におこなわれた最後の増築で上階の東側三分の二が加えられたのだが、このとき使われたのはほぼ正方形に切り出した粗石や赤い砂岩であった。

大塔の北壁と川に面する城壁とにはさまれた狭い通路は回廊《ギャラリー》と呼ばれ、昔はここに木の屋根がかかっていた。この回廊を通って最も西寄りの中庭――上の中庭《アッパー・ベイリー》――に出るのだが、かつてここには（今はなくなってしまったが）防備を固めた門があり、中庭への入り口を守っていた。上の中庭の奥には城の西側の出入り口を守る矩形《くけい》の塔が建っており、さらにその外側には城壁で囲まれた区画がもうひとつある。外塁《バービカン》と呼ばれる囲い地で、この外塁に設けら

チェプストー城、西の城門と外塁　右の建物は11世紀に建てられた大塔（英国環境省）。

れた城門が城の西の端となっている。

木造の屋根も床も付属の建築物も消失してしまい、城壁や塔の上階部分が破損しているとはいえ、チェプストー城の保存状態は並はずれて良好である。その規模、力強さ、背景のどの点から見ても、チェプストー城は中世ヨーロッパの城のなかで最も風格のある城だということができよう。また、チェプストー城が特に印象的なのは、近代的な改築によって魅力が損なわれてしまうということがなかったためでもある。多くの建造物が寄り集まったチェプストー城は、三世紀にわたる城作りの歴史を具現しているのだ。この城の城主となったのは権勢を誇ったアングロノルマンの四家族であった。風雨にさらされた城の石が私たちに語ってくれるのは、快適さとは無縁の危険に満ちた時代、不屈の精神が求められた時代の物語である。それは、このチェプストー城をはじめ、スカンジナヴィアからイタリアにいたる各地に建てられた城が、社会を支配した時代であった。盛期中世ヨーロッパのいたるところで、城は軍事、政治、社会、経済、文化のあらゆる面で中心的役割を担っていたのである。イングランドでは特異な歴史の流れによって、城の発展はとりわけ劇的な経過をたどることになった。また今日のイングランドは、中世に城が建造された国々のなかで最も多く――一説によれば少なくとも一五〇〇ヵ所――の城跡が残っている国でもある。

城作りはどのようにはじまったのか、城の歴史的役割とは何か、城が最盛期を迎えた十三世紀に城の中ではどのような暮らしが営まれていたのか――これが本書のテーマである。チェプストー城には城作りや城の生活の特徴がよく表れていて、城主となったのが当時の最も有力な領主たちだったので、本書はこの城を中心に展開することになる。しかし、イングランドやヨーロッパ大陸のほかの城についてもたびたび触れることになろう。というのも、一例だけでは、それがたとえチェプストー城といえども、中世の城とその周辺で営まれていた暮らしの多様な側面をすべて描き出すことはできないからである。

注

（1）ウェールズ中部に発し、イングランド中西部を通ってブリストル海峡に注ぐイギリス最長の川。長さ二九〇キロメートル。

第一章　城、海を渡る

一〇六六年九月二十八日の朝、イングランドの海岸沖におよそ一〇〇〇隻の舟が突然姿を現した。それぞれ横帆一枚を張った首尾同形の無蓋《むがい》の長艇である。ドーヴァーの南西六五キロメートル、ペヴェンシーでのことであった。舟が岸辺に近づくと武装した男たちがおよそ七〇〇〇人、続々と飛び降りて海の中を歩いて岸へと向かう。ノルマンディー公ウィリアムの軍勢が、何週間も順風を待ちつづけた末、ついに海路一一〇キロメートルを一夜にして渡りきったのであった。軍勢を率いるウィリアム公は、イングランド王位継承権は自分にこそあるという主張を力ずくで押し通そうとしていたのだ。この軍勢はノルマンディー領内のウィリアム公直属の家臣だけでなく、北フランス一帯や、さらに遠方からも募った傭兵や勇士たちで編成されており、十一世紀の軍隊としては規模が大きかっただけでなく、きわめてよく訓練されていた。ウィリアム公の権勢と財力がものをいったのである。

イングランドはこれまでに何度も海から押し寄せる侵略軍を迎え撃ってきたが、これほど大規模な軍団を見るのは初めてだった。ウィリアム公の水陸両用軍団が誇りとしていた新機軸は軍馬である。ウィリアム軍は少なくとも三〇〇〇頭の軍馬を、英仏海峡のこちら側へと首尾よく移送したのだが、このときに使われた技術——おそらく、吊り綱のついた馬具を使ったのであろう——は、一旗挙げようと諸国を渡り歩いたノルマン兵たちが東ローマ帝国のギリシャ人から学んできたものであった。船隊はまた、プレハブ式の砦も運んできた。ノルマン兵たちは砦を組むための材木をあらかじめフランスで切り出し、製材し、型に組んで固定したのち解体し、大樽に詰め、舟に載せて海を渡ったのである。ペヴェンシーに上陸したノルマン兵たちは、夕方までには砦の組み直しを終えていた。

ペヴェンシーに建造されたこの木造の砦は、そののちイングランドで多くの城が誕生する前触れとなった。ノルマン人年代記編者オルデリクス・ヴィタリスは、サクソン時代のイングランドには「ノルマン人が城と呼ぶ要塞はごくわずかしかなかった」と、きわめて意義深い観察を記録している。一〇六六年のイングランド全土で、おそらく五つか六つの城しかなかったらしい。東海岸のエセックスに一城、ウェールズとの境界地帯へレフォードに三城、英仏海峡に近いサセックスのアルンデルに一城（これらはすべてエドワード証聖王に仕えたノルマン人騎士たちが建造した）、そしてドーヴァーに一城、これはエドワード証聖王の後を継ぎ、ウィリアム公と敵対したハロルド・ゴドウィンソン王が建てたものだ。これらの城はほとんどが、当時のヨーロッパ大陸の城と同じように木材と土塁でできていた。

北フランスの典型的な「土塁と囲い地様式《モット・アンド・ベイリー》」の城について、ジャン・ド・コルミウは次のように記している。

当地の貴族たちが城を作るときは、次のような方法を取るのが慣わしである。まず、できるだけ高く土盛りをして土塁を作り、そのまわりに可能な限り広く深く濠を掘る。土塁の天辺には、頑丈な丸太をしっかりつなぎ合わせた防御柵をめぐらす。防御柵を補強するためにできるだけ多くの塔を、間隔をおいて設ける。防御柵で囲まれた内部に居館を建てる。これが、砦の中心的建造物《キープ》であり、防衛の司令塔となる。要塞に入るには橋を渡らなければならない……。橋は一対の支柱で支えられ……濠に架かり、土塁の上の（囲い地への入り口となる）門に通じている。

土塁と囲い地《モット・アンド・ベイリー》様式の城は建造に熟練技術がいらなかったから、短期間に、しかも費用をかけずに建てることができたし、基本的には地形に関係なく建造できたため、防御施設が必要になればどこにでも築城できる利点も持っていた。こうした城の土塁《モット》とは急斜面の小さな丘のことだが、自然の地形を一部に利用したものもあれば、まったく人工的に築かれたものもある。盛り土には周囲に掘った濠の土が主に使われた。円形を描く土塁の頂上はほぼ平らになっていて、基底部の直径は三〇～九〇メートルほど、高さは三～三〇メートルほどとまちまちであった。そして、この頂きに木材の防御柵をめぐらせたのである。「キープと呼ばれた砦の中心的建造物」はせいぜい小要塞か塔のようなもので、普通は木造だったが、石材の

バーカムステッド城　のちに建造された石造部分が廃虚となってしまったため、ウィリアム征服王が建造したモット・アンド・ベイリーの輪郭がよく見える。モット（土塁）には木の防御柵がめぐらされていた。この城は、濠が水をたたえていた点が珍しい（アエロフィルム社）。

豊富なところでは石造りのものも見られた。キープは狭かったから、城主か城代とその身近な家族しか住むことはできなかったし、土塁全体の広さも限られていたため、守備部隊が牛馬や必要物資を携えてここに長期間とどまることは、緊急事態でもなければ、無理であった。

そのため、土塁の下のさらに広い場所が使われるようになる。ここにも濠と柵囲いをめぐらせて囲い地を作り、土塁の上の砦とは橋脚式の傾斜橋で往来ができるようにして跳ね橋もつけた。こうして作られた下の中庭《ロウアー・ベイリー》はほぼ円形かたまご形のものが多かったが、どんな形になるかは地形によってまちまちであった。中庭《ベイリー》が土塁の正面や両側にふたつも三つも並ぶことがあったが、その配置を決める上で重視されたのは、守備隊が土塁と中庭の内部全体を日常の生活に使いながら、小規模な攻撃であれば対処できる態勢を取ることであった。大きな危険がせまると、守備隊は切り立った土塁の上に集結するのだった。

こうしたモット・アンド・ベイリー様式の城はイングランドにはあまり見られなかったが、ヨーロッパ大陸では数多く建造されていた。いうまでもなく、築城術は前ローマ時代のヨーロッパでも広く用いられていた。ハロルド・ゴドウィンソン王は、ドーヴァー城をローマ時代の砦跡に（砦を利用して）建てたが、そのローマ時代の砦も、さらに時代をさかのぼる鉄器時代の要塞跡に作られたものである。ローマの軍団は優れた要塞作りの技術を持っていたことで知られており、駐屯する場所にはどこでも濠と壁で囲んだ防衛施設を数時間のうちに作り上げたという。ローマ軍団は一ヵ所に長くとどまることになると、こうした臨時の防御施設《カストゥルム》を恒久的な石造りの砦に作りかえていった。イングランド東部の「サクソン人の海岸」沿いには、ローマの要塞がドーヴァーのほかに少なくとも八ヵ所点在するが、これらは三世紀から四世紀にかけて、海賊の侵入を防ぐために作られたものである。ローマ人たちはほかにも大きな石造要塞を作ったが、ドーヴァーの例に見るように、鉄器時代の要塞跡を利用することが多かった。オールド・セーラムの村落に築かれた巨大要塞もまた、ローマ人が昔の砦を利用した一例である。

しかし、ローマ人が作った砦は、後代の城と同じではなかった。ローマ人が作ったのは職業軍団が駐屯する要塞であったから、それ自体が防衛力を持つ必要はなかったのだ。基本的にローマ人の砦は、イングランドに残る最大の砦跡、ハドリアヌス長城のように、兵員で満たされていなければ役に立たなかったのである。

ローマ人のあとにサクソン人たちも城市《ブルフ》を作ったが、これも城とは呼べなかった——城市は、町の防衛を目的に壁囲いをした共同所有の施設であり、敷地は後代の城よりもはるかに広く、大規模な守備隊に守られていた。小規模な部隊でも守備できる本格的な城の原型は「東ローマ人」、すなわち東ローマ帝国のギリシャ人たちによって、特に名将ベリサリウスが北アフリカに遠征した六世紀頃に開発されたものだ。チュニジアに建造されたアイン・トンガは、大きさの不揃いな石を不規則に積み上げた分厚い壁からなり、隅々に高い塔、入り口には守備塔が備わっていて、隅塔のひとつは守備隊がいざという場合に避難する場所として使えるように工夫を凝らした作りになっていた。東ローマ軍のこうしたモデルを数世紀後に取り入れたヨーロッパ人たちは、この隅塔を「キープ」あるいは「ドンジョン」と呼ぶようになったのである。イスラム教徒も東ローマ帝国様式の石造要塞建築の技術を取り入れ、八世紀から九世紀にかけてスペインで数百の城を作っている。丘の上に建てられたこれらの城は矩形の塔で補強されていたが、この様式はのちの国土奪回《レコンキスタ》(1)を経て、キリスト教徒たちに受け継がれることになる。

本格的な城——個人所有の要塞——が北西ヨーロッパに現れたのは九世紀だが、これはこの時期にヴァイキングやサラセン人による激しい襲撃が続いたことと無縁ではない。八六三年、カール大帝の孫のカール二世（禿頭王）が侵略に対する防衛として築城を命じたときには、城作りがすでに盛んにおこなわれるようになっていたと考えられる。カロリング朝王国(2)は分権的傾向が強かったから、たいていの場合、新しい砦は地元の公や伯といった領主たちの管理下に置かれ、そこに城主が家族、召し使い、武装した家臣らとともに住むことになったのだった。築城には、技術的にも費用の面からも、土と木を用いざるを得なかった。こうして、粗造りのモット・アンド・ベイリー様式の城がフランス、ドイツ、イタリア、北海沿岸低地一帯で次々と姿を現したのである。

城の建造はヨーロッパの政治情勢に深い影響をおよぼした。城はその地域への侵略を防いだだけでなく、城によって地域住民の支配が効率的になったのだ。ヨーロッパ大陸では城が持つこのふたつの意義が広く理解され、やがて城の所有者はゆるぎない権力を持つようになっていった。

ウィリアム公がイングランドに侵攻したとき、ハロルド・ゴドウィンソン王はただ一度の会戦でみずからの王国を危機に陥れることになってしまったが、これは所有する城の数が少なく、あちこちに散らばっていたからである。流血の長い一日となった十月十四日、ヘイスティングスでの激戦をハロルド軍はよく戦ったが、ついに力尽きてしまう。ノルマン騎兵が策略を用いて逃げる素振りを見せ、守備隊の一部を丘の上の陣地から誘い出したことが敗戦につながったともいわれている。ハロルド・ゴドウィンソン王は、二人の弟と精鋭の兵たちとともに殺害された。

激烈な戦いとなり、勝敗がはっきりしていたヘイスティングスの会戦は、十一世紀の戦争の典型だということができる。この直前の北部二ヵ所での戦い——ノルウェー王ハーラル・ハルドラーダがマーシアおよびノーサンブリア伯を下したゲート・フルフォードの戦いと、そのハルドラーダ王がハロルド・ゴドウィンソン王に敗北したスタンフォード・ブリッジの戦い——は、いずれもヘイスティングスの会戦にきわめて似通ったものだった。飛び道具はあまり役に立たなかったから、十一世紀の戦いは接近戦となったのである。当然のことながらウィリアム公の軍も大きな痛手を被ったが、それでも十月十五日にはイングランドにおいて戦闘能力を持つ唯一の軍隊となっていたのだった。

その上、ハロルド・ゴドウィンソン王と王の弟たちが死んだことによって、ウィリアム公の王位継承権はゆるぎのないものになっていた。こうしてウィリアム公は驚くべき速さでいともやすやすとイングランドを征服してしまうのだが、当時のイングランドに城がわずかしかなかったことが、少なからずその要因となったのは確かである。イングランドの城のなかでウィリアム公にとってただひとつ厄介な位置にあったドーヴァー城は、ウィリアム軍が近づくと早々と降伏を申し出た。おそらく城の守備隊が、すでにヘイスティングスの会戦で大きな痛手を被っていたからであろう。

沿岸地帯を固めたウィリアム公は西へ向かい、騎兵分隊にロンドンを奇襲させたりしながら、大きな弧を描きつつ本隊を進め、ロンドンを内陸部から隔絶しようとする。行く手を阻む城はなく、粛々《しゅくしゅく》と軍を進めたウィリアム公はロンドンを南東から北西へかけて完全に包囲してしまう。孤立したロンドンは降伏した。ウィリアム公はその年のクリスマスに戴冠式を挙げる。このときウィリアム王に帰順した者たちに向かって王の即位を宣言したのは、英語を話すヨーク大司教とフランス語を話すクータンス司教であった。それからまもなく、ロンドンの住民たちは築城に駆り出されることになる。ローマ時代の城壁の内側、市街と海の中間のテームズ河畔にこのとき築城されたロンドン塔は、最初は土と木材で作られたようだ。矩形《くけい》の巨大な石造りのホワイト・タワーがこれに取って代わるのはそれから何年もあとのことであった。

一〇六七年の初頭、ノルマンディーに滞在するために一時イングランドを離れることになったウィリアム王はさらなる予防策として、イングランド南西部で最も重要な町であったウィンチェスターに別の城を完成させ、この城をウィリアム・フィッツ・オズバーンに委ねた。オルデリクス・ヴィタリスによれば、フィッツ・オズバーンは「王の軍のなかで最も優秀な将軍」であり、「ノルマンの勇者のなかで最も勇敢な人物であった」。王はドーヴァー城――補強され堅固になっていた――とケント一帯を異父弟のバイユー司教オドに与え、この

ドーヴァー城、1180年代に建造された矩形の主塔（英国環境省）

二人を共同大判官（共同摂政）に任じてドーヴァー、ロンドン、ウィンチェスターを結ぶ三角地帯の外側にも城の建設を広げる任務を与えた。このため、住民たちは情け容赦もなく厳しい労働に駆り出されることになる。『アングロサクソン年代記』は、フィッツ・オズバーンとオドについて、「国内各地にあまねく城を築き、貧民を苦しめた」とありのままに記録している。

ウィリアム王がイングランドを離れているあいだに南西部で反乱が起きた。かねてから不満を抱いていたフランスの貴族、ブーローニュのユースタス伯が反乱を支持したことで、予期せぬ危機がウィリアム王の政権を脅かしかねないことが明らかになった。反乱軍はドーヴァー城攻略を目指したが、城の守備隊は奇襲攻撃で反乱軍を一掃してしまう。一〇六七年のクリスマスには、ウィリアム王はイングランドに戻っていた。しかし、その後三年間、ウィリアム王は相次ぐ反乱に悩まされることになる。デンマーク、スコットランド、ウェールズなどの外国勢力がこうした反乱を扇動することもあった。ウィリアム王の対応は一貫していた――反乱を鎮圧し、反乱の地に新しい城を築いたのである。「ウィリアム王は新しい城をノルマンの勇者たちに委ねた」とオルデリクスは記している。「広大な領地を分け与え、勇者たちが艱難《かんなん》や危険を顧みず領地防衛に邁進するように仕向けた」のだった。

ヘイスティングスの会戦の直後、ウィリアム王は戦死したアングロサクソン人の所有地を没収し、自分の副官たちに報酬として分け与えたが、貴族の土地には手をつけなかった。ところが、王はやがて手当たり次第に土地を取り上げるようになる。そして、オルデリクスが指摘したように「最も身分の低いノルマン人家臣らを富と権力の座に引き上げた」のであった。アングロサクソン人の所有地が何千ヵ所も没収され、大領地《オナー》としてまとめられていったが、その数は二〇〇に満たず、ほとんどすべてがノルマン人のものになった。アングロサクソン人が所有地の保持を認められたとしても、身分は封建制の階級で一ランク下げられ、王の直属封臣であるノルマン人大領主に従属することになったのであった。ノルマンディー公の忠実な右腕ウィリアム・フィッツ・オズバーンがウェールズとの境界に近いヘレフォード一帯を手中にし、本拠地をドーヴァーからチェプストーに移したのはこの頃である。チェプストーはストゥリガルとも呼ばれていたが、これは（ワイ川の）「湾曲部」を意味するウェールズ語からつけられた名前であった。

この地の戦略的重要性からか、または岩石が豊富だったためか、あるいはその両方の理由からか、フィッツ・オズバーンは居城を石造りにすることにした。結果として、ワイ川岸の狭い堤にそびえる矩形《くけい》の主塔《キープ》は、ノルマン朝時代のイングランドで最強の砦となり、あたりを威嚇する威容はウェールズ人を封じ込める防壁になっただけでなく、ウェールズ侵攻の拠点ともなったのである。

ノルマン朝時代に建造された城で、重要な町の支配を目的とせずに築城された城はわずかしかないが、チェプストー城はそうした数少ない城のひとつだった。普通はまず町があり、

チェプストー城、大塔への入り口　戸口上部は半円形で、ノルマン式の鋸歯形の飾りが施されている。下の写真は、東側から見た大塔。右奥にワイ川、中央左寄りに外塁の塔が見える。

そこに城が生まれるのだが、それとは逆に、職人や商人が保護を求めたり、城の人々に仕えたりするために城のまわりに住みついて町が生まれることもあったのだ。こうした城下町の一例として、イングランドではタイン川に臨むニューカッスルが挙げられる。ニューカッスルはウィリアム征服王の息子、ロバートがタイン川の渡河地点を押さえるために建てた要塞のまわりに発達したのだった。フランドルの主要都市、ヘント、リュージュ、ブリュージュなども城から生まれた町である。

ウィリアム王の命令によって王の支配地の詳細な調査記録『ドゥームズデー・ブック』が編纂された一〇八六年までには、征服者エリートたちによる苛酷な支配はゆるぎないものとなっていた。地元イングランド人の国王直属封臣は、ヨークシャー以南のイングランド全域でたった二人しかいなかった。イングランド人の年代記編者ウィリアム・マームズベリーは次のように指摘している。「王がときとしてイングランド人を非常に厳しく処遇するのも、それなりに理由があったといえる。というのも、王に忠実なイングランド人などほとんどいなかったからだ。この事実は激しい気性の王を非常にいらだたせ、結局王はイングランド人有力者たちから、まず財産を、次に領地を、また場合によっては命までも召し上げるようになった」

翌一〇八七年にウィリアム王が没すると、長男のロバートには父祖伝来の豊かなノルマンディーが、三男のウィリアム・ルーファスには一族の新たな征服地イングランドが遺贈されその頃イングランドの貴族たちは、ウィリアム王が建てた多くの城に押さえ込まれてとなしくなっていたのだが、城はまた別の側面も見せはじめていた。地方権力の中心として不動の存在となった城は、城主たちの忠誠心を蝕《むしば》んでいたのである。城主たちはわずかばかりの領地の主権を主張して、封建制の下で自分たちが負う義務をないがしろにするようになっていたのだ。一〇七一年になると、フランドルで戦死した王の忠臣ウィリアム・フィッツ・オズバーンの領地は息子たちの間で分割され、チェプストー城を含むイングランドの領地は年下の息子ロージャ・ド・ブレテイに引き継がれていた。一〇七四年、このロージャはブルターニュ出身の義兄弟、ノーフォーク伯ラルフ・ド・グワーダと謀《はか》って反乱を起こす。「城の防備を固め、武器を蓄え、兵を集めた」のであった。ウィリアム王はそれまでに何度もイングランド人の反抗を押さえ込んできたように、このノルマン人の反乱も鎮圧してしまうが、同時に首謀者たちを懐柔しようともした。捕らえられたチェプストー城の城主に、王は高価な衣服を復活祭の贈り物として送るのだが、反抗的なロージャは王からの贈り物を火にくべてしまう。ロージャは終生囚われの身となり、チェプストー城は押収されたのだった。

一〇六六年、イングランドには城はほんの数ヵ所しかなかった。それが驚くほど増え、十二世紀初頭にはその数が五〇〇に達しようとしていた。ほとんどが木造だったが、その後の一〇〇年間に建築技術の革命がヨーロッパ全域に広がり、城はほぼすべてが石造りに改築されることになる。戦いの新たな技術が次々と編み出され、西ヨーロッパが復興して次第に豊かになり、税、通行料、市場、地代、免許料などから莫大な収入が王や貴族たちの懐に入るようになったのだ。こうした流れとともに、石造りの要塞がアドリア海からアイリッシュ海にいたるまで広がっていったのである。

この時代に新たに建造された城にはきわめて高度な技術が取り入れられたが、これは十一世紀末には十字軍と呼ばれ、のちに第一次十字軍遠征として知られるようになった大きな出来事によるところが大きい。徒歩や船で聖地へたどり着き、戦って生き残った農民や騎士たちは、ほとんどがまもなく故国へ帰っていったから、新たな征服地の防衛はほんの一握りの騎士たち——主にテンプル騎士団や聖ヨハネ騎士団などの新興の軍事的兄弟団——に任されることになった。必然的に騎士団はウィリアム征服王と同じ方法で困難な状況に対処することになったのだが、騎士団が建てた城は最初から規模が大きく、こみいった様式の石造要塞であった。騎士たちはあまり当てにならない同盟者のギリシャ人からも、敵のトルコ人からも建築技術を学び取り、自分たちの経験も活かして城作りを進めたのである。こうして築城技術は驚異的な発展を遂げ、重厚で複雑なデザインの堅固な石造要塞が作られるようになっていった。城のこの新しい様式はイングランドを含む西ヨーロッパへと一挙に広まったのである。

城作りの条件が比較的整っていたヨーロッパ大陸では、十字軍以前にも石造りの堅牢《けんろう》な主塔《キープ》が作られていた。一〇〇〇年頃、ロアーヌ川沿いに築かれたアンジェ伯フルク・ネラ所有のランジェ城、ノルマンディーのブライオン城(十一世紀初頭)、あるいは十一世紀に南部イタリアやシチリア島を征服したノルマン人によって建てられた主塔などがその例だ。こうした石造主塔を取り囲む中庭《ベイリー》には、木の防御柵が設けられていたようである。イングランドでも、ノルマン征服から十字軍までの間に石造りの城がいくつか姿を現していた。

新しいタイプの建造物として登場したもののなかに、モット・アンド・ベイリーに代わる「貝殻囲壁の主塔《シェル・キープ》」がある。これは、土塁の頂きにある木造の防御柵を石壁に置き替え、石壁の内側に居館を設ける様式である。居館はたいていが木造で、中央の中庭に面するように石壁際に寄せることも、あるいは独立した塔や広間として建てることもあった。

土塁の地盤はほとんどの場合、軟らかで重い石壁を支えることができなかったから、新しい砦は城郭の中でも地盤が固く、低いところに建てることになった。ただ、高台や岩の多い地に築かれた主塔もあり、まだこの時代には立地条件はさほど重要な問題ではなかったようだ。新しい主塔は矩形《くけい》のものが多く、十一世紀になると北フランスでは土地の高低を問わず、いたるところに新しい矩形の石造主塔がそびえ立つようになる。イングランドではウィリアム・フィッツ・オズバーンのチェプストー城に続いて、ロンドン塔のホワイト・タワーが石造になり、カンタベリーやコルチェスターでも石造矩形主塔が姿を見せはじめ、中庭の木造防御柵に代わって、重い石の「城壁《カーテンウオール》」が築かれるようになる。城壁は粗石でできた

ロッシュ城、矩形主塔の内部（フランス写真資料館）

ジゾール城（ノルマンディー地方）、12世紀初頭のシェル・キープ
高さ約14メートルの人工土塁の上に建てられた。イングランド王ヘンリー２世が４階建て八角形の塔を増築した。

芯部のまわりに切石をぐるりと水平に積み上げて作ったもので、「銃眼がついていた」。つまり、城壁の上部に壁（凸部）と隙間（凹部）が交互に並ぶようにしたのである。こうして、四角い鋸歯《きょし》に似た城壁の形が出来上がった。城壁は塔を設けることによって、さらに補強された。

十二世紀を通して矩形の石造主塔は増えつづけた——イングランドではドーヴァー、ケニルワース、シャーボーン、ロチェスター、ヘディンガム、ノーウィッチ、リッチモンドなど、各地で分厚い壁の高さ一八メートルを超える主塔が次々と登場する。主塔の入り口は二階にあるのが一般的だったから、階段が主塔の外側に設けられていた。この階段を防御するために側塔を作り、その中に階段を入れていた城も多

フージェール城（ブルターニュ地方）、13世紀の城壁　鋸歯形の上部や突き出し狭間が見える。後ろに見えるのは13〜14世紀に建てられたメルジン塔とゴブラン塔。右の写真は、下から見た城壁の突き出し狭間。隙間から飛び道具を放った。

い。主塔のなかで最も重要な大広間は入り口のある階に設けられ、そこからそれぞれの居室に行くことができた。地階は窓がまったくないか、あってもごく細い孔が開いているだけで、貯蔵庫として使われた。城壁をまわった別の側には脇門があり、これも守備塔で守られていることが多い。井戸は主塔の必要不可欠な一部であり、非常に深く掘ったものも多かった。井戸水は水管を通って二階や三階まで引かれ、水の引き込み口が各階に設けられていた。

しかし、矩形の主塔には欠陥があることが次第に明らかになってくる。塔の角の部分は寄せ手が地下坑を掘ると崩されやすかったし、破城槌の攻撃にも弱かったのだ。また、敵兵が隠れると「死角」

となって守備兵の攻撃が届かなくなってしまった。敵兵がどこにも隠れることができない円筒形や多角形の塔を、最初に建てたのは東ローマ人やサラセン人である。ただ、矩形の塔は内部のスペースをより効率的に使うことができたため、ヨーロッパでは円筒形への移行はなかなか進まなかった。一時、外側が丸く内側が矩形の主塔が建てられたこともあるし、肌着《シュミーズ》と呼ばれる高い内壁で主塔を囲い込むこともあった。この場合、主塔に入るには内壁に設けられた入り口を通り、内側に作られた階段をのぼって壁上の歩廊に出てから、橋を渡るか、跳ね橋を設けた通路を通るかしなければならなかった。この跳ね橋は、入り口の前に設けた台座へ引き上げることもあったが、蝶番《ちようつがい》と鎖を取りつけ、鎖を引いて垂直に立つようにすると、防御扉としても使うことができた。また、跳ね橋には水平軸を取りつけて、奥の部分を窪みに落とし、外の部分を立てて入り口をふさぐこともあった。門を押し破った寄せ手は階段をのぼり、壁の上の歩廊を通り、一列縦隊で通路を進むことになるが、その間、四方八方から守備側の攻撃に晒されるわけであった。

パリの東、プロヴァンにあるセザールの塔は十二世紀半ば、古くからあるモット・アンド・ベイリー様式の城の土塁上に建造されたものだが、その主塔は下の階が矩形で上の階が円筒形になっていて、八角形の二階部分が上下の階をつなぎ、一階の四隅には半円形の小塔が建ち、土塁の縁をぐるりと取り囲んだ銃眼付きの内壁が下の中庭まで続いていた。主塔に入るには、アーチ屋根のついた階段を通って土塁の上の内壁にいたり、それから通路と跳ね橋を通らなければならなかった。

城にはほかにも凝った工夫がいろいろと施されるようになっていく。落とし格子戸と呼ばれる垂直方向に動くスライディング・ドアは、鉄の金具で補強したカシ材の板でできていて、上階の部屋から鎖やロープを使って滑車で操作する。これは入り口の防備を固めるのに役立った。突き出し狭間《はざま》――城壁などから突き出た部分で、そこから飛び道具で攻撃したり、煮えたぎった液体を敵兵に浴びせたりした――が、初めは木材で、のちには石材を使って設けられるようになった。城壁にはところどころに塔を建てて、それぞれの塔が守備区画を固めるようになったし、鋸歯《きよし》形をした城壁の頂きの下に「ムルトゥリエ」（人殺しの女）と呼ばれる細い矢狭間を縦長に開けた城もある。矢狭間は内側が朝顔形に広がっていたから、城を守る弓兵は左右に動いて攻撃範囲を広げることができたが、敵兵の標的になるのは外に開いた細長い孔だけであった。矢狭間の内側に腰掛けを置くこともあったようだ。

フージェール城（ブルターニュ地方）、メルジン塔の矢狭間

十二世紀も後半になると古い城が次々と改造されていった。新たな軍事技術を考慮に入れての改造である。ヘンリー二世はドーヴァー城に高さ二

五メートル、壁の厚さ五～六メートルの巨大な矩形主塔を建てたが、さらに凝った作りの外塁も新設している。チェプストー城では、歴代の城主のなかでも最も有名なウィリアム・マーシャルが新しい城壁で東の中庭を囲み、城門と塔を設けたが、これは円筒形の塔で補強され、本格的な矢狭間を備えた城壁のある防衛施設としてはイングランドで最も初期のものとなった。十三世紀の半ばになると、ウィリアムの息子たちが城の西側に外塁を作って濠で囲み、塔を設けて守りを固め、さらに東側にも広い中庭を新設して、ふたつの塔を構えた城門を設けた。この城門は二枚の落とし格子戸と二列の突き出し狭間で守られている。チェプストー城の要塞化を完成させたのは、のちに城主となったロージャ・バイゴッド三世である。ロージャは外塁の守りとして西の城門を築いたが、これはおそらく一二七二年に完成したと思われる。城壁の東南の隅に巨大なマーテンの塔を建てたのもロージャだが、この工事は一二八三年頃にはじまり、一二九〇年代に完工した。北側の城壁に沿って石造りの居住用建物が建てられることになったのは、こうして防衛態勢が強化された結果であった。居住区内の大広間は一二八五年十二月、エドワード一世の訪問に間に合うように完成されたのだった。

十三世紀に建てられた新しい城は、十字軍戦士たちの経験をより明確に反映していた。築城場所としては、条件が許す限り丘の頂上が選ばれるようになり、絶壁を背にして奥の中庭を作り、傾斜が緩やかな側を重点的に守るようになったのだ。敵の攻撃を受けやすい側が強固な防衛施設で二重三重に固められるようになったおかげで、チェプストー城のように、主塔を住居として使う代わりに、より快適な居住区を安全な中庭に建てることができるようになった。居住区の建物は木造が多かったが、主塔は石造りで、この時代には円筒形のものが多く、狭くはあったが、頑丈だった。主塔は防備の最後の砦であり、包囲戦になると城主や城代がここで指揮をとるのだった。階段や通路——秘密の通路もあった——が各所に設けられ、守備隊が迅速に移動できるようになった。主塔に濠をめぐらして跳ね橋を架け、内壁で囲って隔離した城もある。

城が発達の最終章に入った一二八〇年頃から一三二〇年頃にかけて、史上最も強固な城がいくつか大ブリテン島——主にウェールズ——で建造されている。築城を命じたのはエドワード一世だった。エドワード一世はいとこのサヴォイ伯フィリップから築城の名人ジェームズ・オブ・セント・ジョージを借り受け、名匠ジェームズはヨーロッパ全土から集まった技術者たちの監督に当たった。その数は総勢一五〇〇人に達したこともあったという。ジェームズは高給を与えられ、妻とともに生涯にわたって生活を保障された。

ジェームズは外塁の防備も固めたが、同心円を描く二列の城壁で矩形の城を囲み、内壁の要所々々に堅固な塔を建てて、城の守りを固めることに意を注いだ。主塔は今や姿を消した。たとえ中庭がひとつ敵の手に落ちても、城の各所にはさまざまな工夫を凝らした塔や城門があって、別々に持ちこたえられるようになったため、主塔は無用になったのだ。外塁で守られた脇門がいくつも設けられ、より柔軟な作戦が可能になった。ウェールズにとどまっ

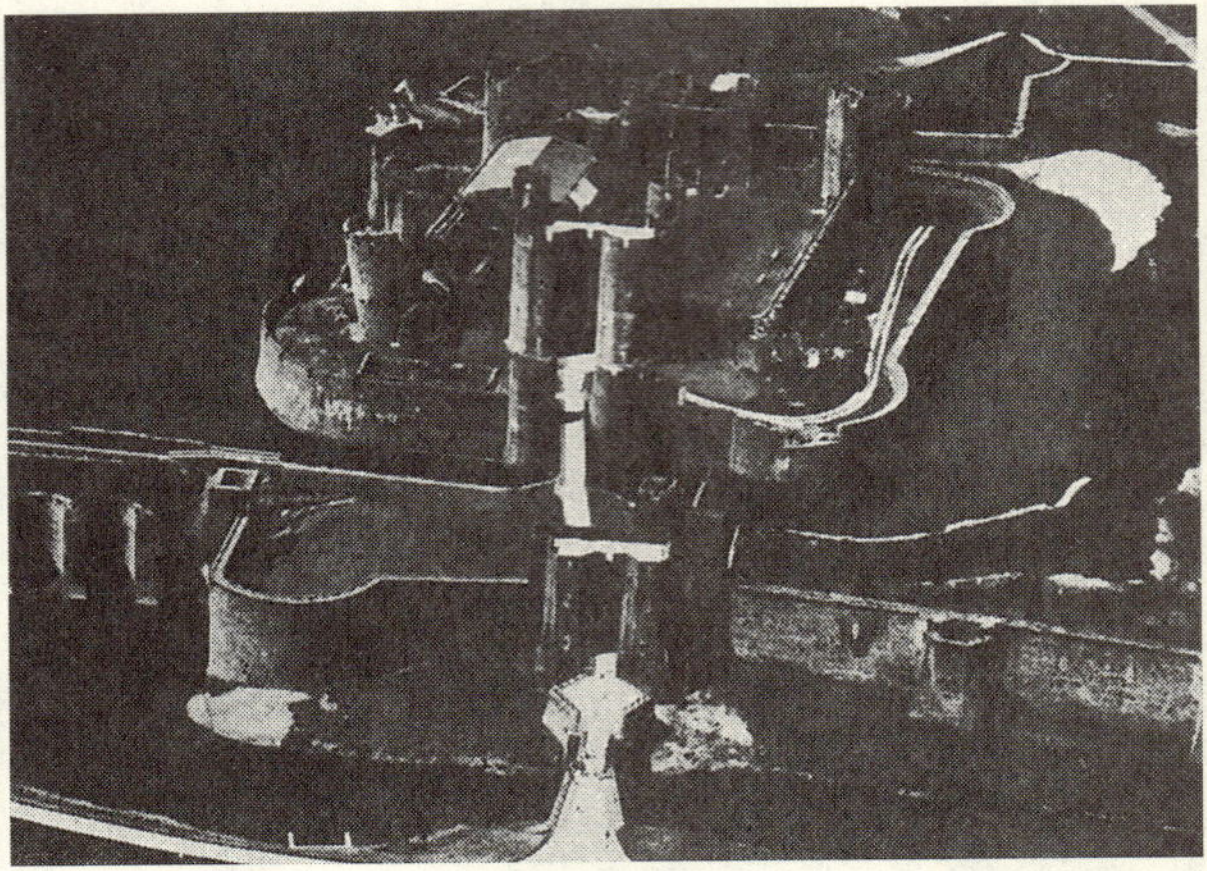

キャフェリー城（ウェールズ）エドワード１世によるウェールズ征服時に建てられた。湖に浮かぶ島の上に立つこの城は、同心円を描くふたつの囲壁に囲まれ、城の東西２ヵ所に城門がある。攻撃を受けやすい側（城の正面）には、さらなる防御措置として、湖水堰と外塁を設けている。外塁には専用の城門があり、城と跳ね橋でつながっている（英国環境省）。

たジェームズは、コンウェイで河口岸の固い岩の輪郭に沿って城を築き、城壁で囲み、八つの塔を建て、城の両側に城門を設け、それぞれを外塁で守った。城郭の内部は、隔《かく》壁《へき》でふたつの中庭に分け、外の中庭に大広間と守備隊の食糧貯蔵室を置き、内の中庭を王家の居住区として王の個室などを置いた。城に入るには、急な階段を登り、跳ね橋を渡り、防備を固めた三つの城門を通らなければならない。つまり、寄せ手は入り口にたどり着くまでに、塔や城壁のあらゆるところから攻撃を受ける危険に晒されることになったのだ。カーナーフォン、ハーレック、フリント、ビューマリス、デンビーの各地にある城にも、それぞれの立地条件にあった防衛施設が備えられた。これらの城はいずれもウェールズ北部の海岸地帯に沿って広がる荒れ地に建っている。そこは不屈のウェールズ人たちが最も激しい抵抗運動を続けた土地なのだった。一方、ウェールズ南部に目を転じれば、そこには壮麗なキャフェリー城が雄姿を誇っていた。湖に浮かぶ島にそびえるこの城は、防備の点でも抜かりはなく、しかも一幅の絵のように美しい。かつてチェプストー城を所有したド・クレア家の末裔、グロースター伯リチャード・ド・クレアが建造させた（一二六七〜七七年の間）この城は、堅固な城門を四ヵ所に備えた二重の城壁に囲まれ、濠と五つ目の城門のある外塁とに守られていた。

こうして十世紀に、ヨーロッパ大陸で土塁と木材でできた個人の要塞として産声を上げた城は、ノルマン人によってイングランドに伝えられ、十一世紀から十二世紀にかけて石造矩形主塔やシェル・キープに生まれ変わり、十字軍が伝えた技術によって改良が加えられたあげくに、十三世紀末、ブリテン島西部の荒れ地で、その発達の最終段階に到達したのだった。

注
（1）イスラム教徒が占領したイベリア半島をキリスト教徒の手に奪回する運動。七一一〜一四九二年。
（2）西ゲルマンのフランク族が西ヨーロッパに建てたフランク王国後期の王朝。七五一年創始、カール大帝のとき最盛期を迎える。

第二章　城のあるじ

ノルマン征服以前のイングランドには城はなかったと言えるだろう。城が生まれるための社会的、経済的環境が十分に整っていなかったのだ。のちに「封建制」と命名された中世特有の社会構造は、一〇六六年のブリテン島にはその兆しさえ窺えなかったのである。だがイングランドを征服したノルマン人の祖国では、封建制はあらゆる面において十分な発達をとげていた。封建制とは、主君と家臣という二人の人間が、誓約によって互いに義務を負うことで成り立つ仕組みである。その仕組みを経済的に支えたのは主君と家臣による富の支配、すなわち土地の支配であった。土地を所有するのは主君――王あるいは大領主――である。主君は家臣に土地を与え、家臣からはその見返りに一定の奉仕、主に軍事的な奉仕を受けた。家臣はみずから土地を耕すわけではない。一定の条件の下で小作人に耕作を任せたのである。一定の条件は、盛期中世を迎える頃には制度として確立されていた。

ウィリアム征服王とノルマン人たちがイングランドに封建制をもたらしたのは、彼らがこの社会政治形態に慣れ親しんでいたからというだけでなく、この仕組みが新たに征服した土地を治める上で都合がよかったからでもある。事実、ウィリアム王は世俗貴族が有する土地を――耕地も森林も沼地も――すべて手中におさめ、そこからかなりの土地（約五分の一）を王領にすると、残った土地は家臣たちに分け与え、その見返りに一定の騎士による奉仕を受けた。ノルマン人のイングランド征服を支持した教会は、引き続き領土の保有を認められたが、高位聖職者は世俗家臣と同じく騎士としての奉仕の義務を負った。王直属の家臣一一人に与えられた所領は、イングランド全土のほぼ四分の一におよんだ。数百ヘクタールという広大な封土《ほうど》が直臣たちに与えられたことで、のちに「再下封」と呼ばれる仕組みが生まれる。つまり、王の有力直臣たちが下位の者たちの主君になったのだ。直臣たちは王に対する軍役を果たすため、自分の臣下に「騎士采地《さいち》」（封土）を与え、その見返りに奉仕を課した。一一〇〇年にヘンリー一世が即位したとき、この仕組みはかなりしっかりと出来上がっていた。封建制は、ノルマンディーよりもイングランドにおいてさらに深く根を降ろしていたのである。

十二世紀に権勢を誇ったノルマン人直臣のなかでも錚々《そうそう》たる諸侯が城主に納まったチェプストー城の歴史は、きらびやかなエピソードに彩られている。城は、ウィリアム・フィッツ・オズバーンの息子ロージャが征服王に反旗を翻して囚われの身となったのち、王の直轄下に置かれていたが、一一一九年に先立つある年、ヘンリー一世はチェプストー城と城に付随するすべてを親類筋にあたる忠臣ウォルター・ド・クレアに与えた。ウォルターは中世英国に建立された大修道院のなかでも最も代表的なティンターン大修道院を建てたことで知られている。ウォルターの後を継いで城主となるのは甥のギルバート・フィッツ・ギルバート・ド・クレアである。ギルバートはウェールズにおけるド・クレア家の所領を精力的に拡張し、一一三八年、ペンブルック伯に任ぜられている。強弓《ストロングボウ》の名で鳴らしたギルバートは、一時王に反旗を翻すが、変節して王と和睦を結び、王の愛人イザベル・オブ・レスターを妻に娶《めと》っている。二人の間に生まれたリチャード・フィッツ・ギルバートもまた、ノルマン人勇者のひとりとしてその名を天下に馳せていた。一一七〇年、この二代目ストロングボウはアイルランドの大半を制圧する。ウォーターフォードとダブリンを押さえてレンスター王国(1)のダーモット・マクマロー王を復権させたのである。王の娘イヴを娶り、将来王国の遺贈を受けるというのがその条件であった。ダーモット王の没後、ストロングボウは念願を達成する。ダブリンを包囲し、二ヵ月にわたって攻撃を加えたライバルのアイルランド王を退けて、ついにレンスター王国を手中にしたのであった。ストロングボウはこの征服地をイングランド国王ヘンリー二世（プランタジネット家）に献上し、臣従の礼を尽くして、その忠誠心（と政治的明敏さ）を証明した。

ストロングボウの一人息子は幼くして亡くなっていたから、娘のイザベルがクレア家を相続し、イングランド西部、ウェールズ、アイルランドに広がる大領地の女主人となった。イザベルを妻に迎える者はチェプストーの新たな城主となる。王にとって事は重大であったろう。イザベルの後見人ヘンリー二世が、領地こそ持たないものの、自身の傑出した補佐役であるギョーム・ル・マレシャル、すなわちウィリアム・マーシャルを相手に選んだのは、いつものことながら賢明な判断であった。ウィリアムは当時最も尊敬された騎士であり、城が栄えたこの時代を特色づけた上昇志向の申し子であった。

ウィリアム・マーシャルの祖父はヘンリー一世の宮廷に仕官していた。名はギルバート。マレシャル（厩舎《きゅうしゃ》の長）は官職名である。厩舎の長は実入りがよかったらしく、ライバルが現れると、ギルバートは決闘裁判に訴えてまでその職にとどまり、さらに息子のジョン（ウィリアムの父親）は、決闘裁判に訴えてこれを世襲職にしている。決闘に勝ったジョンは、ジャン・フィッツ・ジルベール・ル・マレシャルと貴族を思わせる名を名乗るようになった。

ジャン・ル・マレシャル、すなわちジョン・マーシャルは、王位継承をめぐってスティーヴン・ブロア（ヘンリー一世の甥）がマティルダ・アンジュー（ヘンリー一世の娘）と争った内戦の記録に「悪魔の手先、すべての悪の元凶」として登場する。ジョンの豪胆さについて、年代記の編者はふたつの事件を挙げている。マティルダ側についたジョンは、あるとき窮地に陥った。退却するマティルダ軍のしんがりを務めるジョンは、一握りの部下を従えて教会堂にたてこもったのだ。スティーヴン軍の兵が教会堂に火を放つと、従者一人を連れて鐘楼に登ったジョンは、屋根の鉛板が溶けて顔に落ち、片目を失う。それでもあきらめず、煙が立ち込める瓦礫《がれき》の下で死体になったと思い込んだ敵兵が立ち去ると、ジョンはまんまと逃亡したのだった。

ジョンは型破りな戦いを続けたが、休戦となった数年後、今や王となったスティーヴンから裏切りのおそれがあると見られ、幼い息子ウィリアムを人質に出す羽目になる。それでもジョンは王が包囲攻撃中の城を補強して、国王の鼻を明かした。スティーヴン王は、城を明け渡さなければ幼いウィリアムを縛り首にすると脅したが、効き目はなかった。自分は「もっとましな息子たちを作る金床《かなとこ》と槌《つち》を持っている」。だから息子が縛り首になったところでかまいはしないと、ジョンは冷徹に言い放ったのだ。

翌朝、ウィリアムはカシの木の下まで引き出された。しかし、ジョン・マーシャルより優しいスティーヴン王は、明るく無邪気に振る舞うウィリアムに心を打たれた。ウィリアムを馬上に抱き上げ、陣へと連れ帰った王は、ウィリアムを縛り首にすることも、側近が代案として進言したように城壁の向こうに投げ飛ばすことも許さなかった。その後、人々は王とウィリアム少年がオオバコを剣に見立てて「騎士ごっこ」をして遊んでいる姿を見かけた。少年が王の草の穂を叩き落とすと、二人は大声で笑い合ったというのである。心優しい王は、残忍なジョン・マーシャルと同じく、賞賛の的とはならなかった。『アングロサクソン年代記』はスティーヴン王について、「王は穏やかな人だった。優しく善良だが、決断力に欠けた」と、あっさり片づけている。

王の優柔不断な性格が幸いして成人したウィリアム・マーシャルは、チェプストー城の城主のなかでも最も傑出した人物となり、当代一の騎士となった。戦士としては父親から優れた能力を受け継ぎながら、父親にはない、まっすぐな心を持っていたウィリアムは、初めはスティーヴン王に、のちにはスティーヴン王の後を継いだプランタジネット家のヘンリー二世（内戦で敗れたマティルダ・アンジューの息子）に仕えた。イザベル・ド・クレアとの縁組を段取りし、チェプストー城のあるじにウィリアムを据えた国王である。ちなみにウィリアムの伝記作者によれば、イザベルは「ストゥリガル（チェプストー）の乙女、善良で美しく、礼儀正しく、聡明」であったという。ヘンリー二世を継いだリチャード獅子心王もウィリアムを重用した。かつて父王に謀反を起こしたリチャード王は、寛大にも（あるいは賢明にも）そのとき自分に敵対したウィリアムの過去を不問に付したのである。ウィリアムは国王の評議会の一員としてリチャード獅子心王に仕え、その後を継いだ弟のジョン王にも長く仕えて、大憲章《マグナ・カルタ》をめぐる交渉を中心となって取り仕切った。ジョン王の没後はフランス王太子ルイを推戴《すいたい》しようと画策する貴族たちの反抗をすばやく抑え込み、渋々ながら引き受けた摂政の職を立派に務め上げ、少年王ヘンリー三世の王権をゆるぎないものにしたのだった。

　ウィリアムがこの世を去ると、チェプストー城とペンブルック伯の称号は五人の息子が相次いで継承した。長男のウィリアム・マーシャル二世は一二三一年に没し、後を継いだ次男リチャードは一二三四年にアイルランドで、おそらくはヘンリー三世のさしがねで殺害された。三男ギルバートは一二四一年、ハートフォードでおこなわれた武芸試合で事故死する。その四年後には四男ウォルター・マーシャルが没し、五男アンセルムは、ウォルター・マー

ペンブルック城（ウェールズ）、1200年頃ウィリアム・マーシャルが建てた円筒形の主塔（英国環境省）

シャルの死後わずか八日にしてこの世を去った。こうしてアイルランドのファーンズ司教が吐いたのろいの言葉が成就する。ファーンズ司教の教会に属する荘園二ヵ所を没収したウィリアムに対して、司教は破門を宣告していたのである。ウィリアムは少しも動じなかったが、若いヘンリー三世は思い悩み、司教がウィリアムの墓に参り、ウィリアムの魂に罪の許しを与えるなら、荘園を返還しようと約束した。司教はウィリアムが埋葬されたロンドンのテンプル教会に赴き、王と廷臣たちの前で今は亡きウィリアムに向かって呼びかけた。年代記編者のマシュー・パリスは司教の言葉を次のように伝えている。「司教はまるで生きている人に語りかけるように言った。『ウィリアムよ、汝がわが教会より不当に奪った領地が回復されたあかつきには……われ、汝に罪の許しを与えん。しからずんば、われ汝の罰を改めてここに宣す。すなわち、罪の中でもがく汝は永遠の罪人として地獄にとどまるべし』と」。王は不快の念を押し隠し、ウィリアム・マーシャル二世に荘園を返還するよう求めた。しかしウィリアム二世は王の要請を退け、弟たちも長兄を支持したため、若い王は和解の試みを断念してしまう。こうして司教はのろいを宣言したのだった。「〔詩篇にあるごとく〕『彼の名は一代で滅びるであろう』。また、『産めよ殖えよ』とおおせられた主の祝福に息子たちが与《あずか》ることはない。息子のなかには非業《ひごう》の死をとげる者もあろう。彼らの遺産はちりぢりになるであろう』」。一二四五年に五男アンセルムが没すると、ウィリアムの娘モードが相続人となり、こうしてチェプストー城はマーシャル家の手を離れた。

一二四八年、モードはこの世を去った。だが国王は、チェプストー城の行方を黙って見ているよりほかはなかった。モードは寡婦《かふ》であったが、成人した息子たちがいたのである。モードの夫は、ノルマン征服ののちにのし上がったバイゴッド一族の出身であった。チェプストー城の新たな城主となったのは、モードの長男、ノーフォーク伯ロージャ・バイゴッドである。ロージャはこのとき「紋章院総裁《アール・マーシャル》」の称号も継いでいる。ウィリアム・マーシャルが授った紋章院総裁という栄誉ある称号は、このとき正式に世襲となった。こうして「マーシャル」の名は官職名から家名となり、ついに貴族の称号となったのである。

ヘンリー二世がモードの結婚相手を選んでいたら、バイゴッド家に白羽の矢が立つことはなかったであろう。この一族は国王に反抗を繰り返してきたからである。ロージャは忠実なウィリアム・マーシャルよりも、バイゴッド一族の伝統を受け継いでいた。ヘンリー三世から実権を一時奪ったシモン・ド・モンフォールの反乱に加わったのだ。だが、のちに鞍替えして、一二六四年のリューイズの戦いではモンフォール軍と戦っている。ロージャの後を継いだのは、同じくロージャという名の甥である。このロージャは再び立場を転じて王に敵対し、王を敵に回して何年も戦った。

チェプストー城のあるじがそれぞれ個性的だったことは特筆してよいだろう——ウィリアム・マーシャルがバイゴッド一族と対照的だったように。しかし歴代の城主は、盛期中世に活躍したイングランドの他の領主たちとも、ヨーロッパ大陸の領主たちとも共通する特質を分かち合っていた。そのひとつがフランス趣味である。クレア家も、マーシャル家も、バイゴッド家もみなフランスの家柄であり、日常生活では代々エリートの言語であるフランス語を使っている。フランス趣味はそれだけにとどまらない。チェプストー城のあるじたちは、当時のフランドル、スペイン、ドイツの貴族がみなそうであったように、フランスの影響を強く受けていた。フランスからは貴族が話す言葉だけでなく、さまざまなもの——十字軍や武勲詩《シャンソン・ド・ゼスト》、トルベールやトルバドゥール（北フランスや南フランスで活躍した叙情詩人たち）の詩、武芸試合や城や大聖堂など——の様式《スタイル》が渡ってきたのである。

だが、それにも増して領主に共通するのが、土地に対する愛情だった。領主といえば戦《いくさ》にうつつを抜かしていると誰もが思いがちだが、実のところ領主は領地を取得し、管理を怠らず、さらに大きなものにすることに心血を注いでいた。たとえチェプストーほど広大な土地でなくても、領地の管理は大いに手がかかった。どんなに戦を好む領主といえども、領地を放置はできなかった。十二～十三世紀、たとえ名目の立つ戦いであっても多くの領主が出陣を見送っている。なかには戦への参加を頑なに拒む者さえあった。戦ともなれば、領地を離れる必要があったからである。はるばる十字軍の遠征に馳せ参じた領主は、イングランドでも、十三世紀に入ってからはヨーロッパ大陸においても、ほんの一握りにとどまっている。聖地の防衛はテンプル騎士団や傭兵たちに委ねられたのだった。イングランドの領主たちは、国王の領土を守るためにフランスへ出かけて戦うことにさえ激しく抵抗した。一二四二年、のちにチェプストーの城主になるロージャ・バイゴッドやその他の諸侯がヘンリー三世に従ってフランスへ兵を進めたのも、渋々ながらのことにすぎなかった。彼らはチャンスと見るや、王が「軽率にも我々を領地から引きずり出した」と抗議をして、さっさと帰国してしまっているのである。

土地こそが領主権の基盤をなしていた。領地で暮らし、領地によって生計を立て、領地のために生きる日々が、領主の人となりを左右したのは疑うべくもない。領主は土地から収入を得、農地以外の土地は猟場にした。

もちろん領主は政治には関心を寄せた。しかし、ほとんどの場合、領主が政治に関心を寄せたのは、政治が領地の経済状態を左右したからであった。国王の要求が目にあまれば、あるいはみずからの利益を優先せざるを得ないときには、領主たちは——臣従の誓いを交わしているにもかかわらず——ためらうことなく武器を取って王に抵抗した。領主たちは国王の評議会に連なり、十三世紀には議会と呼ばれはじめた集会に出席した。これは国王の決断に関与するためでもあったが、主たる目的は自分たちの利益を守るためであった。

政治や領地の管理に追われるほかにも、領主は概してあわただしい日々を過ごしていた。戦と戦の合間は、城で遊び暮らすどころか職務に追われて息つく暇もなかったといえよう。チェプストーでは、国境の守備に伴う特権を有する「辺境の伯」のフィッツ・オズバーン家とクレア家が、フィッツ・オズバーン家とクレア家のあとには紋章院総裁の称号を授かるマーシャル家とバイゴッド家が、治安・司法・財政の主要な権限を行使した。こうした権限を国王から移譲された辺境の領主たちは、大陸の公、伯、司教たちのようにかなり独立した地位を手にすることができた。大陸の大領主たちは、国王へはほんの名目だけの忠誠を示し、硬貨鋳造など君主と同等の権力さえ行使していたのである。

しかし、イングランドの場合、ノルマン人領主の多くは国王の権威によるはるかに厳しい制約を受けていた。一〇八六年、ウィリアム征服王は、ローマ人が築いた砦跡のオールド・セーラムで、「多少とも地位のある土地所有者のすべて」に対して（換言すれば、二〇〇人ほどの直属封臣ばかりでなく、陪臣たちに対しても）忠誠と恭順を誓わせている。王に続く後継者たちも、征服王にならって領主権に制約を加えることをやめなかった。伝統的に大領主が行使してきた刑事裁判権は、次第に国王の手に移り、上訴裁判所の役割はヘンリー二世のもとで王政庁《クリア・レギス》と国王の巡回裁判が肩代わりするようになった。ヘンリー二世の末期には、巡回裁判は定期的に地方をめぐり、土地をめぐる訴訟を裁くようになっている。

その上、ヘンリー二世は陪審審問の導入にも大きく弾みをつけ、一一六六年以降は陪審制が犯罪の究明や重要な民事訴訟の手続きとして定着した。法律は、サクソン時代の王たちが定めた古い掟、ノルマンディーから伝えられた封建制の習慣、および新たな法令の寄せ集めからなっていた。裁きは厳しく、盗人は絞首刑になり、裏切り者は目をつぶされ、他の犯罪者は手足を切断された。犯罪者が引き回され、四つ裂きにされることもあった。囚われ人は城の塔や地下牢に幽閉され、そこで身代金や判決を待ったが、刑罰として監禁されることはまれであった。中世に禁固刑はほとんど知られていなかったのである。「地下牢《ダンジャン》」(もとは城の主塔を意味する「ドンジョン」)という語は、後代になって城が牢獄として使われるようになったことに由来する。

裁判は簡略だったが、妥当な審判が下された。盗人から自白を引き出すためにさえ、拷問はめったにおこなわれていない。盗品を手につかまった犯人に、自白はあまり必要とされなかったのだ。民事訴訟も刑事訴訟も、裁判記録の多くからは真実を突き止めようと努力を重ねた跡がうかがえる。寛大な措置が取られることもまれではなかった。昔ながらの野蛮な慣行のなかでも特に野蛮な慣行は、十三世紀にはおおむね廃止されるようになる。赤く焼けた鉄棒を容疑者に握らせて深い火傷《やけど》を負うことがないか、あるいは容疑者を水中に投げ込んで沈むどうかを見て証言の信憑性を決める神判は、一二一五年にラテラノ公会議で禁止され、イングランドでは一二一九年に非合法なものとされた。ただし、容疑者かその代理人が告発人と戦う決闘裁判は廃止されず、この先も生きながらえた。

では、ヨーロッパ大陸の場合はどうかといえば、司法制度は上級裁判と下級裁判に分かれていた。上級裁判は暴行、放火、婦女陵辱《りょうじょく》、誘拐、盗み、反逆、偽造、虚偽の計測などの事案を扱い、有力者――国王、公、伯、司教、大修道院長、大領主――が裁きをおこなった。ただし封建制の複雑な仕組みのせいで、裁判権をめぐってはさまざまな取り決めが結ば

シノン城（フランスのヴィエンヌ川岸）、広い濠で他の城郭と隔てられているクードレイの砦　前方の円筒形キープは、13世紀、フィリップ2世が建造したクードレイの塔。1308年、テンプル騎士団が監禁され、裁判にかけられた城である（フランス写真資料館）。

れている。領主は下級裁判の権利を保持することもあれば、他の領主に譲ることもあり、罰金だけを受け取り、財産没収をあきらめることもあった。イングランドでもヨーロッパ大陸でも、大領主たちがみずから裁判をおこなうことがなかったのは言うまでもない。裁判は荘園の執事や家令が取り仕切ったのである。

　裁判権を奪われて罰金や没収による収入の道を断たれたイングランドの領主たちは、埋め合わせとして国王のもとで官職を得ようとした。官職のなかで最も重要なのはヘンリー一世が創設した行政長官職《ジャスティシャー》で、これはヘンリー二世によって一種の首相職として定められたが、十三世紀には廃止された。行政長官のほかに、要職としては尚書部長官《チャンセラー》、侍従《チェンバレン》、宝蔵室長《トレジャラー》、近衛大将《マーシャル》、軍司令官《コンスタブル》などがあり、それぞれが部下の行政官や下級官吏の一団によって補佐された。地方行政のレベルでは、ウィリアム征服王がサクソン人の設けた州長官《シェリフ》職を治安維持の理想的手段とみなし、ノルマン人家臣をこの職に任じて各州に配属していた。

　ウィリアム征服王は当初、チェプストー城のウィリアム・フィッツ・オズバーンのような大領主を要職に登用した。だが、領地と役職の双方を手にした大領主の多くが次第に独立した力を蓄えるようになったため、のちに政策変更をやむなくされた。若い頃のヘンリー三世にヒューバート・ド・バーグという行政長官がいた。ド・バーグはあまり裕福とはいえない騎士階層の出身だったが、独裁的ともいえる権力を握り、莫大な富を蓄えるようになる。そして、これが一二三二年の失脚につながったようである。行政長官職はその後空席になり、権限は尚書部長官に受け継がれることになった。

とりわけ紛争の種となったのは州長官職《シェリフ》である。野心を燃やす領主たちは、自分が州長官に納まろう、あるいは御しやすい人物をその地位につけようと、あの手この手を使ったのだった。十三世紀には州長官に誰を据えるかが対立する国王と領主諸侯の間で最大の争点のひとつとなった。忠実なウィリアム・マーシャルは州長官として（また、近衛大将、行政長官補佐、摂政としても）立派に、誠実に王に仕えたが、マーシャルは例外だった。領主は概して野心に満ち、国王に対して反抗的だったのだが、その典型は諸州の州長官を兼任しながら、しまいにはすべての役職を解かれたファルク・ド・ブレオテである。一二六四年、リューイズの戦いに勝利を収めた諸侯は、国王が任命した州長官の首をすべてすげ替えた。しかし、翌年イーヴシャムの戦いが国王側の勝利に終わると、諸侯が任命した州長官は一人残らず解任されている。このように地方レベルの治安・財政・司法の権限を有する州長官職は、イングランド諸侯の大きな関心事だったのである。職責を果たすか、職務を思いのままにしようと画策するか、いずれにせよ領主たちの頭の中は州長官職のことでいっぱいだった。

カール大帝が権勢を誇った八世紀、ヨーロッパ大陸の地方行政はイングランドときわめて似通った行政単位に基づいていた。イングランドの州《シャイア》に相当するのは「パグス」あるいは「コミタトゥス」であり、これは州と同じく郡《ハンドレッズ》（「センテナエ」）に分かれており、それぞれに司法や警察の機構があった。「パグス」で裁判をつかさどるのは皇帝の役人としての伯か、あるいはその副官の伯代理で、フランスではこの職が州長官に相当した。しかしヨーロッパ大陸の地方行政はその後、イングランドとは非常に異なる発展の過程をたどり、十二世紀には「パグス」もパグスごとに置かれた司法機関もほぼ消滅してしまう。「パグス」の土地と支配権が地元の封建領主の手に握られてしまったからである（ちなみに、地元の封建領主は古くからの地方役人の子孫が多くを占め、その役職は世襲となっていた）。封建領主は土地をめぐる訴訟のほとんどすべてを裁き、治安活動も軍事行動も取り仕切っていた。十三世紀になると、フランス王は、有力封建領主の領分に徐々に王領地を広げようとしたが、企みはなかなか思うに任せなかった。一方、小領主や騎士たちは、伯代理、地方行政官、領主の家令、町の代官、市場の管理者などの職を得て、国王と領主の双方に仕えるようになっていった。

大領主は、官職についていなくても、領地や荘園を見回り、召し使いたちが不正を働かないように目を光らせるという仕事を、手に余るほど抱えていたのである。

イングランドでもヨーロッパ大陸でも、大領主たちの社会的、経済的、政治的地位を支えていたのは封建制をなす二本の柱、すなわち臣従の誓いと封土《ほうど》である。しかし、十三世紀になると臣従の誓いも封土も実体を失い、形骸化してしまう。はるか昔の臣従の誓いや封土の授与について、そのいわれを知る領主が少なくなってしまったのだ。

臣従の誓いは主君に対しておこなわれる（イングランドの大領主たちにとって、主君とは国王であった）。封土とは家臣の奉仕に対して主君が与える土地を意味した。いや、厳密にいえば、その土地は主君が所有し、家臣に与えられたのは土地をめぐる諸権利であった。

封建制の主従関係は十三世紀には途轍もなく複雑になったが、もとをたどれば通貨がまだ珍しかった時代に、軍事問題の解決を目的として生まれた経済的取り決めにすぎない。人が「臣従」の約束を交わして有力者に従属する慣行が生まれたのは、ローマ帝国末期のことである。保護を受ける見返りに、軍務を提供する。それが「臣従」の約束である。保護はたいてい知行地《ベネフィス》と呼ばれる土地の形で与えられた。この慣行を急速に広めたのは、八世紀カロリング朝フランク王国の支配者である。騎兵による衝撃戦法という新たな戦争技術が生まれたために重装騎兵を必要とした支配者にとって、おあつらえむきの慣行だったのだ。騎馬戦士の軍事的価値が上がるにつれて、彼らの社会的地位も上がっていった。そのことは主君と家臣の関係が個人対個人の密接な結びつきに変質していったことに象徴的に表れている。こうして地位が向上したことは、臣従の約束を取り交わす儀式に忠誠の誓いを新たに加えることで象徴的に表現された。臣従の儀式では、家臣の両手が主君の手で包まれる。誓いは聖人の遺骨や頭髪、または衣服の一部、あるいは福音書にかけておこなわれる。交わされた契約は軽々しく破ることはできなかった。

カール大帝は、家臣が臣従の誓いを破棄することが許される特別な条件を明確に定めている。それによれば、主君が家臣の殺傷《さっしょう》を企んだり、家臣の妻や娘を陵辱、あるいは誘惑しようと画策したり、封土の一部を奪って家臣を農奴の身分に落とそうとしたり、しかるべきときに家臣を保護しなかった場合、家臣は臣従の誓いを破棄してもよいとされた。主君は家臣に対して絶対的な権力を持っていたわけではない。主君が家臣の不正行為を糾弾するときは、「同輩による陪審」の公開裁判を開かなければならなかった。

カール大帝の時代、重装騎兵として軍事奉仕の義務を負う家臣は、一二〇〜二四〇ヘクタールの知行地《ベネフィス》が必要であり、この土地を耕し、植え付けと刈り入れをするには一〇〇人ほどの小作人が欠かせなかった。知行地は正式には主君のものであったが、家臣の一族が代々受け継ぐ習慣が定着していった。代が替わって息子が新たに家臣になるときは、臣従礼と忠誠の誓いをあらためておこなう。ウィリアム征服王の祖先ギョーム長剣公は九二七年、ノルマンディー公として父親の後を継いだとき、「自身を王の手に委ね、王に忠誠を示し、誓いの言葉でこれを確認した」と年代記編者リーシェは記している。十二世紀、領主の死後にあらためておこなわれた臣従礼の一例が、ガルベール・オブ・ブリュージュの手で記録に残されている。一一二七年、フランドル伯の称号を継承したギョーム・クリトに、大勢の騎士や小領主が臣従を誓っている模様である。

「伯が家臣となるべき者に対して、汝、わが臣下となるを心から希望するや、と問うと、家臣は『われ、かく望む』と答えた。次に、伯は両の手で家臣の握った手を包み、主従の契りは口づけをもって完了した」。それから家臣は次のような口上を述べた。「われ、今よりのち、ギョーム伯に忠実を尽くし、他の何人《なんぴと》でもなく、ひたすら伯のみに対する忠誠の誓いを、誠心誠意、偽りなく全《まっと》うすることを、信仰にかけて誓うものなり」。ガルベールは締めくくりとして次のように書いている。「これらはすべて聖人の遺物にかけての誓いであった。最後に、伯は短い杖を手に持ち、封地の授与をおこなった」

　イングランドでは、忠誠の誓いのなかに国王に対する忠節の一項を含むのが常だった。十三世紀の法律手引書によれば、その形式は次のようなものだ。

臣従礼　家臣は両手を主君の手の中に入れる（フランス国立図書館、Ms. Fr. 5899, f. 83v）。

（家臣は）手を合わせて身を捧げ、両の手を主君のマントの中に入れ、このように述べる。「われ、わが主君に従属する者となり、生命と身体にかけてわが主君に信義を尽くし、今命あり、やがて死ぬる他の何人でもなくわが主君に現世的崇敬を捧げん。ただし、わが主イングランドのヘンリー王と世継ぎの王、および他の主君（その家臣に他の主君がいれば）に対する忠節も、これを守るものなり」。しかるのち、家臣は主君に口づけをする。

口づけは広くおこなわれたが、臣従礼や忠誠の誓いほど重要なものではなかった。

家臣が負う義務には、大別すると二種類あった。消極的義務と積極的義務である。消極的義務とは、たとえば主君の城を敵に明け渡したり、主君の領土や他の所有物に損傷を与えたりしてはならないというように、主君に損害を与えないことである。積極的な義務には「援助と助言」があった。「援助」とは、家臣がホストあるいは「オスト」と呼ばれる一定の軍役を果たすことであり、家臣は単独か、数人の騎士を伴って、完全装備で四〇日間軍務につくのが一般的だった。「援助」にはほかにも「騎馬行進《シユヴオシエー》」と呼ばれるやや負担の軽い義務があり、これは小規模な遠征や、主君が城から城へ移動する際に護衛を務める任務を指した。城を守備し、主君が訪問するときには城を明けることも家臣の義務とされた。パリ司教の主要な家臣たちは叙任後にノートルダム大聖堂に初めて正式に入堂する司教の輿《こし》を運ばなければならない、ケントの小領主は国王が波の荒い英仏海峡を渡るときには「船の上で王の頭を支え」なければならないなど、きわめて特殊な義務まで登場した。

十二世紀には新種の奉仕が登場し、主従関係に新たな側面が加わった。軍役免除金《スキユーテイジ》（ラテン語の「盾《スクトウム》」に由来する）、つまり軍役に代わる金銭の支払いである。軍役免除金の登場は、ヨーロッパの経済システムがカール大帝の時代からどれだけ大きな変化をくぐり抜けてきたかを物語っている。ウィリアム征服王が全土を掌握し、土地を知行として家臣たちに分け与えていたイングランドでは——ヨーロッパ大陸では皇帝や王と領主たちの関係はより複雑であった——軍役免除金の支払いというこの新しい慣わしが大いに広がることになる。アンジュー家の勢力を回復するためにフランスで戦うよう諸侯に呼びかけたリチャード獅子心王は、諸侯がそれぞれ七人の騎士を派遣し、義務の残りは金銭で支払うよう求めている。城を離れたくない領主たちはこの取り決めを歓迎したが、それはリチャード王の望むところでもあった。領主は意のままにならず、軍役についても戦闘がはじまる前に奉仕義務の期限が切れてしまうかもしれない。リチャード王は、そうした家臣に代わって、命令どおりに働き、金さえ受け取ればいつまでも戦列にとどまる傭兵をそろえることができたのである。

家臣が負う「援助」義務のなかには、軍役免除金とはまったく別の金銭的負担もさまざま含まれていた。「相続上納金」もそうしたひとつで、新たに家臣となる者が、家臣になったときに領主に支払うものである。新たに叙任された騎士は、騎士采地《さいち》（封土）を受けるにあたり、一〇〇シリングを支払った。大領主の場合は保有地の広さに応じて国王に相続上納金を支払ったが、その額は一〇〇〇ポンドを超えることもあった。

「援助」という言葉は、こののち大領主が特別な場合に限り、家臣に課す金銭的義務を意味するようになっていく。よく知られているものを三つだけ挙げておこう。主君が捕囚になったときの身代金、主君の長女が結婚するときの費用、長男が騎士に叙任するときの費用である。イングランドでは、国王が諸侯に課すことができる援助金をこの三つに限ることがマグナ・カルタにはっきり謳われた。それから六〇年後、ウエストミンスター制定法（一二七五年）によって、援助金の割合は小作地二〇ポンド相当の土地につき二〇シリング――つまり、課税率五パーセント――とされ、通常は主君の生涯を通じて二回支払われることになった。四つ目の援助である十字軍遠征への参加はヨーロッパ大陸では広く受け入れられた。援助金は、諸侯だけでなく、裕福な都市住民を含む社会各層の人々にも義務づけられた。裕福な都市住民は、王にとってしばしば諸侯よりも確実な収入源となったのである。

「助言」とは、呼び出しに応じて主君の（直属封臣にとっては国王の）城に伺候《しこう》することであり、こうして集まった家臣の集会は評議会《カウンセル》、あるいは顧問団《カウンシル》と呼ばれるようになった。主君は重大な縁組や戦争の開始など、主要な政治問題について家臣の意見を求めることが期待されていたのである。しかし、家臣の助言はしばしば訴訟の処理に利用された。悶着《もんちゃく》に白黒をつける国王にしてみれば、不興を買うのは避けられないので矢面に立ってくれる人間がいたほうが都合のよいこともあるだろう。だから諸侯の助言は歓迎されたのだが、実際には国王がみずから家臣を裁いて有罪と断じ、罰金や差し押さえによって自分の利益を図ることが多くあった。マグナ・カルタをもたらした諸侯の反抗は、主としてジョン王のこうした権力の乱用に原因があった。マグナ・カルタには領主が告発された場合、昔ながらの「同輩による陪審」によって裁くことが明記されている。

その一方で主君は、国王であれ、領主であれ、家臣が教会などの法廷で告発されたときは、家臣を弁護する務めを負っていた。家臣の弁護に努めることはみずからの利益を守ることでもある。訴訟の結果、家臣の封土が損なわれるようなことになれば、自分が経済的損失を被るからである。

　このように、主君と家臣は多面的な取り決めによって結ばれていた。封建的主従関係を経済的に支える基盤となったのは封土《フィーフ》である。ラテン語の「封《フェウドウム》」に由来するこの封土《フィーフ》という語は、主君が家臣に授けて管理を委ねた土地を指す。十一世紀には「知行地《ベネフィス》」に代わって次第に一般的に使われるようになっていた。封土には、水車小屋、借家、市場とその入場料、橋とその通行料、売却可能な家財（動産）など、収入をもたらすものなら何でも含まれた。修道院や教会を封土として授かった世俗家臣が、十分の一税や寄付金ばかりか、信徒の献金までくすねることもよくあったという。しかし、土地こそが最も一般的な封土であった。十二〜十三世紀、イングランドを含む西ヨーロッパは大小さまざまな封土で埋め尽くされている。数百ヘクタールにわたって、農地、牧場、森林、村を抱える封土もあれば、わずか数ヘクタールにすぎない封土もあった。

　だが、十三世紀には相続や封土の授与が繰り返されて、封建制の主従関係はきわめて複雑になっていた。ある主君から城を封土として与えられていながら、領地の大半を別の主君から授かり、さらに別の主君からもなにがしかのものを封土として与えられる領主も現れたのである。イングランドではウィリアム征服王がすべての土地を押収したため、当初は国王が唯一の土地所有者で、チェプストー城主のような大領主だけがじきじきに封土を保有する、整然とした封土のピラミッドができ上がっていた。ところが、直属封臣は封土の一部を小領主や騎士たちに与え、小領主たちも領地を再分割していったのである。主君は家臣から機会あるごとに相続上納金を取り立て、やがて十二世紀末になると上納金は一年間に封土からあがる収入の額に固定されるようになる。大荘園の相続上納金を一〇〇ポンドに、騎士の封土の相続上納金を最高五ポンドに定めたのはマグナ・カルタであった。

しかも封土の相続人が未成年の場合、イングランド（およびノルマンディー）では、その相続人を後見することを条件に、主君は相続人が成年に達するまで封土からの収入を手にすることができたのだ。ほかの国では、年長の親類が後見人になるのが一般的だった。

封土の「譲渡」や売却は、世襲の主従関係に基づき、軍隊式の忠誠心を重視し、宗教も公認する封建制度の精神に真っ向から対立した。それでも封土の取引には歯止めをかけるすべはなかった。相続を重ねている間に土地は借地に出されたかもしれない。借地になれば統合されることもあったろう。あるいは喉から手が出るほど金がほしい貧しい騎士もいたかもしれないのだった。十二世紀には、封土の取引は封建制の仕組みの一部として広く認められるようになっていた。領主はただ、取引文書に名前がきちんと記載されるように見届けて、みずからの権利が侵されないように用心するだけだった。一一五九年、フランドル伯ティエリー・オブ・アルサスは家臣の土地取引に関する許可書を発行した。フランドル伯の家臣が領地の一部を、広さにおいては勝るがおそらく価値の点では対等な土地と交換したのである。

それはフェルヌの聖ニコラス教会が所有する土地だった。

余は、以下の事実を世に知らしむべくこれを記す。すなわち、余が領有し、レオニウスに封土として授け、後者がその兄弟ギーに授けたる四五と二分の一区画の土地についてば、ギーはレオニウスに、後者は余にこれを委ね、余はこれを、自由にかつ永久に所有するものとしてフェルヌの聖ニコラス教会に与える。引き換えとして、余は同教会から九一区画の土地を受け取り、これを前述のレオニウスに封土として与え、レオニウスはその兄弟にこれを封土として与えた。

封建制の仕組みが大きく変貌をとげていく様について、神聖ローマ帝国皇帝フレデリック・バルバロッサは一一五八年、次のように懸念を表明した。

われわれのもとには、イタリアの諸侯から悲痛な訴えが寄せられている……。諸侯が家臣に与えた封土が借金の保証に使われたり、領主の許可なく売却されたりしている……。そのため、諸侯は当然受けるべき奉仕を受けられず、帝国の名誉は傷つき、わが軍の弱体化が進んでいる。

司教、公、辺境伯、伯および他の高官らの助言を受け……余はここに恒久の法を宣言するものである。願わくは神の御旨《みむね》にかなわんことを。何人《なんぴと》も、封土の全体あるいは一部を、所有者である主君の同意なくして、売却または入質してはならず、またいかなる手段によっても手放してはならない。

余はさらに、見せかけの下封によって……封土を売却し金を受け取る巧妙な策略については、これを禁止する……。かかる不法取引がなされた場合、売り手も買い手も封土を失い、封土は主君に戻されることとする。不法と知りながら、かような取引証書を作成した公証人はその職を失い……その手は切り落とされるであろう。


しかし、土地取引の流れは興隆期を迎えたヨーロッパ経済に深く浸透し、くい止めることはできなかった。十三世紀、商業が栄え、貨幣がふんだんに流通し、新興成金が次々と生まれる社会になると、封土は、形式以外は他の資産と同様に、売買されるようになった。何百年間も土地を代々受け継いできた貴族が経済的に困窮し、先祖伝来の土地の一部あるいは全部を都市住民に売ることもあった。金融業や織物交易で一財産築いた都市住民のなかには、財産保全のために土地に投資して、貴族の仲間入りをしたいと思う者も出てきたのである。

中世後期の封建システムにとって厄介な問題がもうひとつあった。多重封臣制である。複数の主君に対して忠誠を誓うということは、一対一の主従関係という封建制の基盤を損なうことだった。ウィリアム征服王の四男ヘンリー一世が、フランドルのロベール伯の臣下の身分を金で買い取ることに成功したとき、ロベール伯は、本来の主君であるフランス国王を利用しながら、どのようにこの取り決めをまっとうするつもりか、悪賢い計画を次のように開陳している。

もし、フランスのフィリップ王がイングランドのヘンリー王に対する攻撃計画をたてるなら、ロベール伯は、可能であれば、国内に留まるようフィリップ王を説得しよう……。もしフィリップ王がイングランドに攻め入るときにロベール伯を伴うとすれば、ロベール伯は封土を没収されない範囲でごくわずかな兵を出すことにする。

……ロベール伯がヘンリー王に召されたときは、できるだけ早く一〇〇〇騎を港に集め、イングランドへの渡海に備えさせる。それぞれ馬三頭を持つこれらの騎士のために……船を用意するのは王である。

……もし、ヘンリー王がロベール伯にノルマンディー、あるいはメーヌで戦闘に参加するよう命じた場合は……ロベール伯は一〇〇〇騎を伴って命に従い、ヘンリー王の同盟者であり封土をいただく臣下として、忠実に支援するであろう。

……そしてそのとき、ノルマンディーでフィリップ王がヘンリー王を攻撃するなら、ロベール伯はただ二〇騎を伴ってフィリップ王に従い、残りの騎士はヘンリー王の下にとどまる。

ヘンリー王はロベール伯の生命と身体を守ること……かつ封土としてロベール伯に毎年イングランド通貨で五〇〇ポンドを賜ることを約束された。

つまり、ロベール伯は年に五〇〇ポンドの「貨幣封土」を受け、一〇〇〇騎を伴ってヘンリー王の下で戦うことになっていたのだ。時を同じくしてフィリップ王からも召集された場合は、同時に両王の下で戦わなければならないため、自身はわずか二〇騎を伴ってフィリップ王の陣へ参じ、ヘンリー王へは援軍として九八〇騎を送るというわけだった。

このフランドルの伯は気前のよい貨幣封土に与《あずか》ろうと、わざわざ自分を厄介な立場に置いたのだが、単に相続によって同じような境遇に陥った領主も多かった。十三世紀、主君が四人もいたジョン・オブ・トゥールは、面倒な事態をさまざまに想定して対処方を考えた。

万が一にもグランプレ伯が、自身の理由でシャンパーニュ伯夫妻と戦う事態になれば、私はグランプレ伯の下に参じて加勢し、シャンパーニュ伯夫妻には、召集があれば、封土に見合う数の騎士を送ることにする。しかし、もし、グランプレ伯が自身のためでなく、友人のためにシャンパーニュ伯夫妻と戦うことになれば、私はシャンパーニュ伯夫妻の下で戦い、グランプレ伯には一騎を送る……

ロベール伯やジョン・オブ・トゥールが直面したディレンマが示す重要な点は、多重構造の忠誠が家臣を困難な立場に追いやったことではなく、選択の自由をもたらしたことである。複数の主君を持つ領主は、自分の利益になる方法を必ず見つけることができたのだ。堅固な城と広い荘園からなる封土を持つ者は、交渉相手が誰であろうと、基本的に強い立場にあった。法律上の身分がどうあれ、各種の礼金、使用料、税、手数料などから収入を得た領主は、かなりの程度の独立を享受できたのである。

十三世紀、多数の主君から多くの城や封土を与えられた有力諸侯は、国王や皇帝に抵抗できるほど大きな力を蓄えていた。強力なイングランド国王さえマグナ・カルタでその権利を認めざるを得なかったのである。

ウィリアム・マーシャルは「忠節の人」として、同時代の人々からあまねく称賛された。たとえ国王との関係が悪化することになっても、ウィリアムは主君に対する家臣としての義務をあくまで守り通した。ヘンリー二世の長男ヘンリー若王が父王に謀反を起こしたときも、ウィリアムは主君である若王の側についている。リチャード獅子心王に臣従の礼を取ることを拒否したのは、リチャード王の弟ジョンからアイルランドの領地を授かっていたからである。そのジョンがイングランド国王としてフランス王フィリップ二世と戦った一二〇五年には、ウィリアムはジョン王のもとで戦うことを拒否している。フィリップ二世からノルマンディーの領地を授かっていたからだった。マーシャルが堅持した古風な封建制の掟は、台頭しつつあったナショナリズムとは相いれないものだった。一二一七年、フランス王太子ルイとルイを推戴《すいたい》する諸侯の軍が侵攻したとき、マーシャルはヘンリー三世の摂政として融和策を打ち出し、和平にこぎ着けたが、最後まで戦ってノルマンディー公領をイングランド国王の所領として取り戻すべきだと主張した一派からは、強い抵抗を受けた。ノルマンディー領がイングランド王によって回復されたならマーシャルも喜んだであろうことは、疑う余地がない。しかし、領主としてのマーシャルの立場に限っていえば、そんなことはどうでもよかった。マーシャルの考えでは、イングランド王から封土を受ける身でありながら、同時にフランス王からも封土を受けても、何ら問題はなかった。「忠節」で知られるマーシャルにとって、「国王」とは「主君」よりも不明瞭で実体のない概念だったのだ。しかし、時代は今まさに新たな幕を開けようとしていた。ウィリアム・マーシャルの没後、ヘンリー三世はマーシャルの穏健路線を批判し、一二四一年にはマーシャルの息子に向かって、父親の採った路線は反逆罪に値するとまで言ったのだった。

イングランドで延々と続いた王と諸侯の軋轢《あつれき》は、経済的利害の対立が主な要因であった。そして諸侯の側は経済の面ではかなりの成功を収めたといえよう。十二〜十三世紀にかけて、荘園から得る収入がゆっくりとではあるが、確実にあがっていったのである。盛期中世は農業技術や生産高の停滞が続いた時代ではあったが、多くの領主たちはさまざまな方法を使い、たいていは小作人たちを犠牲にして、保有地の価値を高め、収入を増やしていった。

都市が発展をとげることで余剰穀物を売る市場が開かれるようになり、やがて領主たちのなかには商品作物の農作に取り組む者も現れたのだが、市場の力はまだ弱く、農業生産を促す大きな力とはなり得なかった。農業技術の飛躍的な進歩は、のちの時代まで待たなければならなかったのである。

事実、さまざまな特権を持つ城の領主たちにとって、真の敵は王権ではなく、徐々に押し寄せ、せき止めることができない経済変化のうねりであった。経済競争では織物商人をはじめとする実業家たちが先頭を切って走っていた。彼らは職人を搾取した。しかし、領主はそれ以上に農奴を搾取したし、効率も悪かった。地方に暮らす領主たちは、いかめしいが活気のない城に、ただじっととどまっていた。

領主たちのなかには、城にとどまることさえできない者も出てきた。領地を顧みず、政治に没頭した領主がたどった運命は、ロージャ・バイゴッドの例によく表れている。一二七〇年に叔父からチェプストー城を相続したこのロージャは、一二六五年のイーヴシャムの戦いで諸侯の軍が負けたあとも頭の切り替えができず、イングランド、ウェールズ、アイルランドに保有していた資産を王権との対立に投じ、ついには財政破綻に陥った。先の見えないロージャは、膨大な借金を弁済してもらう見返りに、領有地をすべて譲り渡す取り決めを王と結んだ。そういうわけで、チェプストー城はロージャ・バイゴッドが死ぬと王領地となった。一三〇二年のことである。

封建時代盛期の長い年月にわたり、ノルマン朝イングランドで最も権勢を誇った貴族たちの居城となったワイ川の巨大な要塞は、こうして領主の城としての二世紀におよぶ歴史を閉じることになった。

注

(1) 当時のアイルランド五部族王国のひとつ。

第三章　住まいとしての城

土塁と防御柵、城壁と塔、城門、外塁、銃眼などからなる城の防衛システムに軍事工学上の工夫が加えられる一方で、住居としての城にも次第に改良が施され、城はより快適でプライバシーに配慮がされた作りになっていった。

古い土塁と囲い地《モット・アンド・ベイリー》様式の城については、今では記録がほとんど残っていない。城の居住区域について教えてくれるのは、年代記編者のランベール・オブ・アードルが十二世紀の初めに書き残した記述だけである。ランベールはフランドルのアードルで土塁の上に建てられた木造の城について、次のように書いている。

> 一階は地面と同じ高さにあり、そこは食糧庫や穀物蔵になっていて、大きな箱や樽、酒樽や雑多な家庭用品が置いてあった。二階には住居や共同の部屋、食糧品貯蔵室、配膳室、酒の準備室があった。城主と奥方が休む大寝室もこの階にあり、大寝室に続いて……侍女や子どもたちの寝室があった。その上階、すなわち屋根裏には、片側に城主の息子たちの部屋があり——息子たちは気が向けばここで寝た——、もう一方の側には娘たちの寝

室があって、娘たちはここで休むことになっていた。警護の者や家事をする召し使いたちもこの階で寝泊まりすることがよくあった。館の東側の小高い結構な場所にソロモンの神殿のように飾り立てた礼拝堂があった……。上の階と下の階、城と（別棟になっている）厨房、居室と居室、館と回廊、そして回廊と礼拝堂は、すべて階段や通路でつながっていて、回廊は人々がお喋りを楽しむ場所にもなっていた。

モット・アンド・ベイリー様式の城には、これほどの生活設備を整える余裕がめったにないので、ここまで手の込んだ作りの城は珍しい。普通、城主とその家族は土塁の上に建てられた館で生活し、中庭《ベイリー》には厨房、召し使いの住居、兵舎、鍛冶場、厩舎、納屋、倉庫が置かれていたと思われる。あるいは中庭に館があって、城主の家族が暮らし、土塁の上には見張り塔や避難所しかなかったということも考えられる。

土塁の上であれ、中庭であれ、貝殻囲壁《シエル・キープ》の主塔であれ、あるいは十三世紀に建造された巨大城壁の内側の館であれ、城の居住区にはつねに基本となるものがひとつあった——大広間である。天井の高い一部屋だけの大広間を一階に設ける城もあったが、フィッツ・オズバーンが建てたチェプストー城の大塔のように、大広間はたいがい二階に上げられた。安全に配慮がされた結果である。当初、この大広間には教会堂と同じように側廊がついていて、木や石の支柱が木造屋根を支えていた。やがてトラス構造（三角形の骨組み）の屋根を作る工法

ペンブルック城（ウェールズ）、1190年頃ウィリアム・マーシャルが建てた広間　2階に主な部屋が集まっている。

が開発され、側廊は不要になって広い空間が生まれた。窓には鉄の桟で固定した木製のよろい戸がついていた。十一〜十二世紀には窓ガラスをはめる習慣はめったになかったのだ。しかし十三世紀になると、国王や大領主が建物の一部に「白い（緑色がかった）ガラス」を使うようになった。ガラス窓が普及するのは十四世紀に入ってからである。

一階にある大広間の床は土を踏み固めるか、石材もしくは漆喰《しっくい》で固めていたが、大広間が二階に上がってからは木の床を張るのが一般的になった。床を支えるのは、チエプストー城の大塔の例に見るように、一階の木造列柱か石造のアーチ天井である。絨毯は、壁、テーブル、ベンチなどに覆いとして使われていたものの、イングランドや北西ヨーロッパの場合、床に敷かれるようになるのは十四世紀になってからのことだ。年代記編者マシュー・パリスは一二五五年、のちのエドワード一世の妃となったカスティリアのエレアノールの屋敷を見たロンドンっ子たちの反応を次のように記している。「絹の覆いやタペストリーが、まるで神殿のように、いたるところにかかっていて、床でさえタペストリーで覆われていた。これはスペイン人たちのやり方である。スペインではそれが当たり前なのだ。だが、こうした過度の贅沢は人々のあざけりと嘲笑を買った」。床はイグサで覆うのが一般的だったのだ。中世後期には、イグサのほかにバジル、バルサム、カモミール、キク、キバナノクリングサ、ヒナギク、ウイキョウ、ニガクサ、ヒソップ、ラヴェンダー、シソハッカ、メグサハッカ、バラ、ミント、ヨモギグサ、スミレ、セイヴァリーなどのハーブも用いられるようになっていく。イグサはときどき取り替え、床も掃除をされた。エラスムスによれば、イグサの下には「昔からのビールや脂の沁み、得体の知れない何かのかけら、骨、唾、イヌやネコの糞といった具合に、ありとあらゆる不潔なものが集まっていた」。当時の城の床がこのようなありさまだったのは間違いないだろう。

大広間には下座の側壁に出入り口が取りつけられた。大広間が二階にあれば、外階段を通る必要があったが、外階段は主塔《キープ》の外壁に沿ったもの、ドーヴァー城やロチェスター城のように主塔の入り口を守る「側塔」の中に入っているもの、また、屋根がついているだけのものなど、さまざまだ。チェプストー城の場合、主塔の入り口階段は壁の厚みの中に作られ、一階から二階の大広間へと通じていた。

城主の一家は、大広間の上座、すなわち出入り口とは正反対の、奥まったところにしつらえた木製、あるいは石造りの高座《こうざ》に席を占めた。ここなら隙間風も入らず、侵入者に不意をつかれる怖れもない。城主の椅子は（おそらく奥方の椅子も）どっしりとして形が大きく、なかには高い地位を強調するため天蓋《てんがい》をつけた椅子もあった。ほかの者はみなベンチに腰かけた。食事をするときは、架台に平らな板を渡してテーブルをしつらえ、テーブルは食事がすむと次の食事の時間まで片付けられた。常設の、あるいは「固定された」テーブルは、有力な大領主だけに許された贅沢品であり、これもまた高い地位の象徴だった。架台形であれ、固定型であれ、食卓はすべて清潔な白布でゆったりと覆うのが慣わしとされていた。

照明にはイグサを芯にした蜜蠟や獣脂のろうそくを用い、これを三脚のついた鉄製燭台の先に突き刺したり、壁の張り出し棚に置いたり、枝突き燭台にのせたりして明かりを採った。小鉢型のオイルランプを小卓にのせたり、鉄製の環に取りつけて吊り下げたりすると、揺れる炎があたりを照らし出し、明るさはさらに増した。

中世の時代を通じて、照明はたいして代わり映えがしなかったが、暖房は著しく進歩した

――嘘のように単純な発明品、暖炉が登場したのである。暖炉は火も暖かかったが、炉や炉を囲む石、それに向かい側の壁からも輻射《ふくしゃ》熱が出る。部屋の壁には熱をよく吸収し、暖炉の火が小さくなっても室内が暖かく保たれるように、余分の厚みが加えられるようになっていった。暖炉の原型となったのは、一階の広間に設けられた一家の中心となる炉である。炉はサクソン時代から何世紀もの間使われてきた。チェプストー城でもこうした炉が広間を暖めていたと推測される。なにしろ、十三世紀に建てられたチェプストー城の居住区には暖炉の跡がないのだから。おそらくこの炉は、召し使いたちが行き交う入り口付近を避けて、城主が座る高座の下に置かれていたのだろう。炉の形は矩形《くけい》、円形、八角形とさまざまで、石やタイルで縁を取ったり、タイル、レンガ、石を使って後ろ壁《レレドス》を作ったりすることもあった。煙は、屋根に取りつけたルーヴァーから排出された。このルーヴァーとは側面の鎧板《よろいいた》で開閉の調節をするカンテラ型の構造物で、十四世紀になると、風で回転するものも登場する。屋根に取りつけた通風孔としては、ほかにも騎士や王や司教をかたどった焼き物があり、あるいは目、あるいは口、あるいは頭の天辺から煙が出るようになっていた。夜になると炉にはタイルや磁器の

チェプストー城、1070年頃に建てられた大塔の内部　中心となる階は2階にあった。四角い穴は2階床の梁を固定した跡。その下は地下倉庫。13世紀に2度にわたる増築で3階部分が加えられた。右手の壁に一部残っているアーケードは、（手前の）広間と（奥の）居室を分ける木製仕切りがあった位置。城壁の天辺へとつながる階段が、3階の半月アーチで支えられ、見えないようになっていた（英国環境省）。

火覆《クーヴル・フー》いを被せ、火の事故を防いだ。

大広間が二階に移るとともに、こうした炉に代わって暖炉が登場する。二階に移った広間の床に木を張ったことを思えば、室内の中央に炉を設けるのは危険だったのである。まずは大広間の一方の壁側に炉が寄せられ、煙を集めて外に出すためのフードや煙突がつけられる。それから煙突を含む全体が壁の中に組み込まれるようになった。アーチ形の初期の暖炉は、外側の控え壁によって壁が厚みを増した部分に設けられた。煙は控え壁を通って外に出る仕掛けになっている。十二世紀も終盤、暖炉の前面に石造りや漆喰の突き出しフードが取りつけられ、煙の排出が効率的になって、暖炉の奥行きが浅くなっていく。煙は壁を通ってまっすぐに煙突へ上った。煙突は円筒形で、天辺が開いていたり、側面に通気孔を開け、円錐状の蓋をつけていたりした。

チェプストー城には、一階の居住区に広間がふたつあり、土地の高低を巧みに利用して、大広間の配膳室が小広間の配膳室の上にくるように作られていた。出入り口のある大広間の低い部分は、「衝立通路《ついたて》」と呼ばれる。ここには当初、可動式の衝立が置かれていたが、のちに常設の間仕切りが設けられるようになった。この通路の上には楽士たちの桟敷があり、大広間を見下ろせるようになっていた。

この衝立通路には出入り口が三つ並んでいて、そのうちふたつは同じくふたつある配膳室へ通じている。ひとつは酒の準備をする部屋、もうひとつは食事の準備をする部屋で、ふた

ロチェスター城、矩形主塔の３階の壁　アーチ形の暖炉がある。
1130年頃建造（英国環境省）。

つを通路が分けている。初期の城では、こうした配膳室は粗造りの小屋か差し掛け小屋にすぎなかったが、十二世紀にはチェプストー城に見るように、大広間の一部となっていたのである。配膳室には棚やベンチがあり、召し使いたちはこの配膳室で台所から運んだ食物を調えてから食膳に出した。チェプストー城の場合、酒準備室には川の上にくるように下水口が開けられており、ここに流し台が据えられていたのは疑いない。第三の出入り口はふたつの配膳室の間にある階段に通じていて、この階段から大小の広間をつなぐ通路に出ることができた。この通路を一方に進むと、トイレと食器棚がいくつかあり、さらに進むと地下倉庫に通じる階段に出る。丸天井のこの倉庫は大広間の真下にあり、入り口からは下を流れる川から荷を運び入れることができるようになっている。もう一方に通路を進むと、下の中庭《ロウアー・ベイリー》に出て、別棟になっている厨房に行くことができた。

城の厨房は、十三世紀にはまだ木造だった。中央にかまどがひとつ、ほかにも肉を串に刺して焼いたり大鍋で煮たりするための炉がいくつかあり、調理器具を洗う流し台は厨房の外にあった。解体処理するための家禽や家畜は、厨房の近くにつないでおかれた。祝い事があると臨時の炊事場が設けられたが、一二七三年に執りおこなわれたエドワード一世の戴冠式の記録によれば、ウエストミンスター宮殿には「無数の炊事場が建てられ」、「炊事場の外には、肉料理に使う鉛色の大鍋が数えきれないほどたくさん並べられていた」という。厨房が居住区の一部となるのは、ようやく十五世紀に入ってからである。

下の中庭には、たいがいは厨房の近くに果樹園があり、果樹やブドウ、ハーブや花――バラ、ユリ、ヘリオトロープ、スミレ、ケシ、タンポポ、アイリス、グラジオラス――が育てられた。養魚池も作り、マスやカワカマスなどを飼っていたことだろう。

中世のこの時代、城は外装も内装も石造の部分には水漆喰が多く使われた。室内には漆喰を塗ったり、鏡板をはめ込んだり、壁には絵画や飾り物をかけたりした。城の暮らしを快適にするこうした装飾は、たいがい大広間の高座から手をつけられたが、ほかの部屋まで広がることはめったになかった。当時は水漆喰や漆喰を塗った石の壁に、石積みブロックの輪郭に沿って赤い色の線を引き、一ブロックごとに花を描いた装飾が人気を呼んだ。一二四〇年にロンドン塔にあった女王の部屋は、壁に羽目板を張り、水漆喰を塗り、石積みに見せかけた目地仕上げで飾った上に、バラの花が描かれている。羽目板は縦に張ったごく簡単なもので、羽目板の上から仕上げに白やさまざまな色の塗料を塗った。イングランドでは、羽目板には主としてノルウェーから輸入したモミ材が使われた。ヘンリー三世が暮らした城を見ると、色彩は

チェプストー城、大小ふたつの広間を結ぶ通路の壁に設けられた食器棚　13世紀に建てられた居住区内。

緑と金、もしくは金銀をちりばめた緑色が好んで使われ、壁画を飾った寝室も多く、たとえばウィンチェスター城の広間には世界地図が描かれていた。クラレンドン城の上の間には聖マーガレットと四人の福音史家が描かれ、下の間には王や女王の顔を描いた縁飾りが施されていた。王が「美しく上品な色を使って人々の顔を描くように」と命じただけのことはあって、いずれも見事な出来映えだ。毛織布や亜麻布を染めた当時の壁掛けは、十四世紀に入るとタペストリーへと進化を遂げていく。しかし当時は装飾というだけでなく、隙間風を防ぐ大事な役目も負っていた。

城主の家族は、最も初期の城では、大広間の奥まったところ、高座のさらに奥にカーテンを吊るすか、衝立の仕切りを立てて休んでいた。しかし、フィッツ・オズバーンが建てたチェプストー城の大広間では、衝立の仕切りに代わって木製の間仕切りが常設されている。だが、ウィリアム・マーシャルの息子たちはこの間仕切りを取り払い、寝室だったスペースを大広間の一部とし、さらに石造の拱廊《きょうろう》を作って上階に増築した寝室を支え、ここに木造の階段を取りつけた。三階の寝室が大広間に匹敵する広さに拡張されたのは、十三世紀も最後の一〇年間のことである。

チェプストー城の居住区では、大広間の上階に広い寝室が一部屋あり、小広間の奥の一画にはいくつかの寝室が集まっていた。大広間が一階にある城の場合、高座の上に城主と奥方の大寝室を増築し、それとは反対側も広げて城主の長男とその家族、あるいは賓客《ひんきゃく》や家令の部屋にすることもあった。二階にあるこれらの部屋には、壁にかけた装飾の陰に「のぞき穴」が隠されていることもあり、城主や家令が下の様子をうかがうことができるようになっていた。

上階に設けられた城主夫妻の寝室はソーラーと呼ばれたが、「ソーラー」はのちに転じて階上でも階下でもすべての個室を指すようになっていく。大寝室にある主な家具といえば、大きな木枠のベッドである。ベッドは、ロープや革紐を編み合わせてスプリングとし、その上に羽毛のマットレスを敷いてシーツで覆い、キルトや毛皮の布団をかけて、枕を置いた。ベッド有力な領主は城から城、荘園から荘園へと頻繁に移動を繰り返さなければならない。ベッドはそのたびに解体して持ち運ばれた。ベッドには亜麻布のカーテンがついていて、昼間は開け、夜になると降ろされたが、これはプライバシーを守るためであり、隙間風を防ぐためでもあった。領主夫妻の寝室では、身のまわりの世話をする召し使いたちが藁布団か、足つきの低いベッド、あるいはベンチの上で寝たものと思われる。ベッドのほかには、衣裳を収納する櫃《ひつ》と木製の衣裳かけ、それに丸椅子が二、三脚、家具といえばそれだけだった。

大領主ともなれば夫婦はそれぞれに寝室を持っていたことだろう。その場合、奥方は侍女たちに囲まれながら自室で過ごすのだった。一二三八年のある晩、国王ヘンリー三世はすんでのところで命拾いをした。マシュー・パリスの記録によると、短剣を手にした暗殺者が寝室の窓から忍び込んだのだ。だが、国王は寝室にいなかった。「その夜、国王は、神のみ摂理によって、王妃のベッドにおられた」のだ。男に気づいて家中に知らせたのは王妃の侍女の一人で、まだ起きていて「ろうそくの明かりの下で詩篇を歌って」いたのだった。

寝室に隣接して小さな控えの間がある城もあった。衣裳部屋《ワードローブ》と呼ばれたこの部屋には布地、宝石、香辛料、皿類などを納めた櫃が置かれ、服の仕立てもこの部屋でおこなった。

十三世紀になって城主たちが豊かになり、プライバシーが求められるようになると、城主とその家族のために隔離された小部屋《オリエル》が設けられるようになる。大広間の奥の大寝室に近い場所や、外階段を上りきったところに、一階の小部屋にかぶさるように設けられた木造の張り出し部屋で、窓があり、中には暖炉がついたものもあった。十四世紀になると、オリエルは上階の大きな張り出し窓に転じていく。一三〇四年、スコットランドの要衝スターリング城がイングランド国王エドワード一世に包囲されたとき、スコットランド王妃と侍女たちが見張り所として便利に使ったのがこのオリエルだった。

城に大規模な守備隊が常時駐屯することのあまりなかった中世も初期の頃には、召し使いたちだけでなく、兵士や城の管理担当官たちも、塔や地下室、大広間や差し掛け小屋などに寝泊まりし、城を守備する騎士たちはそれぞれの持ち場の近くに泊まり込んでいた。兵舎や食事室、厨房などがそれぞれ独立した建物となるのは後代になって、主に傭兵からなる大規模部隊が城に駐屯するようになってからである。

大領主の城に欠かせないのは、領主一家が朝のミサに参列する礼拝堂である。大広間のあ

レストーメル城（コーンウォール）、12世紀のシェル・キープ　13世紀に居館と兵舎が城壁の内側に沿って増築され、中央に中庭が設けられた。右手の突き出た建物は礼拝堂（英国環境省）。

る矩形主塔《キープ》に礼拝堂を設ける場合は、側塔の地階か二階に持ってくることが多かった。十三世紀に入ると、礼拝堂は広間の近くで城主の高座や寝室からすぐに行くことができる場所か、あるいはその反対側に、建物全体がL字形になるように配置されるようになる。礼拝堂を二階建てにして会衆席を上下に分け、二階は城主一家の、一階は召し使いの席にする例もよく見られた。

間仕切りで仕切られた部分や厨房の通路は別として、中世の城の居住区には内廊下というものがなかった。部屋と部屋はつながっていて、上下階の部屋は場所を取らない螺旋階段で行き来ができるようになっていた。寝室から礼拝堂や衣装部屋などへ行くにはペンティスと呼ばれる屋根付きの外通路を通ったのである。この通路に鏡板を張り、窓や暖炉を設けることもあった。

飲み水や洗い水の引き込み口は各階に備えられていた。井戸は普通は主塔《キープ》の中か、主塔のすぐ近くにあったが、さらに上階に貯水槽を置いて召し使いたちが水を満たし、そこから導管で下の階まで水を通す仕組みもあったのだ。手洗いには広間の入り口付近の壁に埋め込んだ洗盤を使うこともできた。下水は鉛管を通って下へ流れるようになっていて、取水と排水の調節には青銅や銅の栓がついたバルブが使われた。

入浴には木製の風呂桶が使われた。風呂桶はテントや天蓋《てんがい》で覆い、底に布を敷き、暖かいときには庭で、寒いときには室内の暖炉のそばで入るのだった。領主が移動をするときは風呂桶も、風呂の用意をする入浴係も同行しなければならなかった。十三世紀になると、大きな城には常設の浴室が設けられるようになる。ヘンリー三世のウエストミンスター宮殿では、湯殿に湯と水の出る設備さえあったという。熱い湯は専用のかまどに大鍋をかけて沸かし、湯槽にためたものが使われたのだろう。エドワード一世の湯殿の床にはタイルが張られ、足が冷たくないようにマットが敷いてあった。

「ガードローブ」――衣裳部屋《ワードローブ》と混同しやすい奇妙な婉曲表現――と呼ばれたトイレは、寝室にできるだけ近い場所が選ばれた（が、寝室用便器も広く使われた）。短い曲がり廊下の突き当たりの壁か、控え壁の中であれば申し分ないが、壁の厚みが足りない場合は、チェプ

カナの婚宴の場面から　召し使いが汲み上げ材を使って井戸水を汲み上げている（大英博物館、MS. Nero C. iv, f. 17）。

ストー城のようにトイレを持ち送り材で壁から張り出して濠や川の上に持ってきたり、トイレに地面すれすれまで届く縦坑《たてこう》をつけたりしなければならなかった。ただし、トイレの縦坑は包囲戦で危険を招くこともあった。セーヌ河畔にリチャード獅子心王が建てたガイヤール城が包囲されたとき、寄せ手はトイレの縦坑を上ってまんまと城内に入ってしまったのだ。後年、縦坑の先端を石壁で囲う予防策が講じられることになる。トイレをひとつの塔にまとめた城もあった。大広間や大寝室に近い一隅にいくつかトイレを設け、下のひとつの穴に汚物が流れていくようにすると掃除が簡単になったのだ。上階の雨どいや貯水槽や台所の下水から引き込んだ水を利用して、トイレの縦坑を洗い流すように工夫を施した城もあった。

ヘンリー三世は、館から館へと移動する途中に、次のように命じている。

ロンドンでは……余の専用室が不適切かつ不都合な位置にあり、ひどい悪臭がする。よって、余はここに命ずる。そちが余に負う信愛にかけて、新たに余の専用室を用意する任をおろそかにしてはならぬ。よりふさわしく、より適切な場所を選び、たとえ一〇〇ポンドの費用がかかろうとも、聖エドワードの聖遺骸移転の祝日までに、すなわち余がその地へ赴く日までに、完成させよ。

一二五一年、娘マーガレットとスコットランド王アレクサンダー三世との結婚式のためヨークを訪れようとしていた王は、大司教の館にある自分の居室に続けて、「深い穴」のある奥行き六メートルの「専用室」を用意するようにと細かく指示したのだった。

トイレットペーパーの代わりをしたのは干草であった。ジョスリン・オブ・ブレイクロンドはベリー・セントエドマンズ大修道院のサムソン院長の夢について記している。この院長は、夢で起きよと命令する声を聞いて目を覚まし、ほかの修道士が不注意にもトイレに置き忘れたろうそくが、干草の上にまさに倒れそうになっているのを見つけたという。

十三世紀も末になると、城はかなり住み心地がよく、しかも便利で、その上プライバシーが守られる作りになっていた。大広間で家中の者と寝食をともにしていた城主と奥方は、次第に専用の部屋にこもるようになっていたのである。ロバート・グローステスト司教は、このプライバシーへのこだわりを行きすぎだと考え、リンカン伯夫人に忠告している。「病気や疲労で無理な場合を除き、広間でみなの者の前で食事をするように努めなさい。ご自身のためにもなり、名誉にもなることでありますから……。晩餐や夕食を広間ではなく、ご自身のお部屋で召し上がることはなりません。それは浪費となり、殿様にも奥方にも名誉なこととはなりません」

司教のこの忠告は守られなかったようだ。それから一世紀ののち、『農夫ピアーズの夢』を書いた詩人ウィリアム・ラングランドは、テクノロジーの進歩によって城の暮らしが変わってしまった――煙突付きの暖炉が登場したため、家中の者が昔のように中央の炉辺に寄り集まることがなくなった――と歎いている。

くる日もくる日も、大広間には物悲しさが漂う。殿さまも奥方もお出ましにならないから。今では金持ちはみな、自分たちだけで食事をする、貧乏人を避けるために、専用のきれいな部屋か煙突のついた立派な部屋で。大広間には誰も来ない。

第四章　城の奥方

金髪に金の飾り輪をきらめかせながら「フェイエルの奥方が」入ってきた。その姿を見た城代は感極まって吐息をもらし、「奥方さま、神が健康と名誉と喜びをあなたさまに恵まれますように」と恭《うやうや》しく述べた。「そなたには喜びと平和と健康を」と奥方が挨拶を返すと、城代はその手を取ってそばの椅子へと導き……しばらくは言葉もなくただ奥方をじっと見つめていた。その顔が次第に青ざめていくことに気づいた奥方は、夫の不在をわびる言葉を口にしたが、城代の答えは愛しているという告白だった。奥方の情けを受けられないならどうなってもかまわないと言う。この私は夫のある身。私どもの名誉を汚すようなことを求めてはなりませぬ、奥方がこう言ってたしなめると、城代は、どんなことがあっても奥方のために生涯を捧げる覚悟ですと答えるのであった。『クーシーの城代』

可憐な巻き毛の金髪の乙女。青い目は笑みをたたえ、その顔立ちは見るも麗しい。唇は真夏のバラやサクランボよりも鮮やかに赤く、歯は白く小さく、固い乳房は服の下に並んだふたつの丸い木の実を髣髴させる。華奢な腰は、両の手を回せるほど細い。その肌は、この美しい乙女が通りすがりに踏んだヒナギクがひどく黒ずんで見えるほど、白かった。

『オーカサンとニコレート』

フェイエルの奥方も乙女ニコレートも十三世紀の名高い冒険物語に登場するヒロインである。恋人ルノー・ド・クーシーは「国中で最も善良で気高く、知性溢れる女性」といわれた奥方を崇敬して戦場でその片袖を身にまとい、恋の歌を捧げ、恋を成就させるために数々の試練を耐え忍んだ。美しく、教養があり、誰からも尊敬されたこの貴婦人は、恋に——結婚という絆にしばられない恋に——生きた女性である。一方、ニコレートは中世の理想的美人——金髪で、色白で少年のような華奢な体型——の典型だ。

十二〜十三世紀に花開いた物語文学には、こうした美しい貴婦人たちが恋人をとりこにする姿がさまざまに描かれている。しかし、物語の貴婦人たちが生身の女性たちをどれほど映し出していたかを判断するのは難しい。チェプストー城をはじめ中世の城で奥方としての務めを果たした女性たちについて、その人柄や私生活を伝えてくれる資料はほとんど残っていないのだ。ただし、城の女性たちは、男たちが興じる政治的・経済的ゲームの駒として扱われるのが常だったということだけは間違いない。

女性による土地の保有、相続、売却、譲渡は認められていたし、女性が土地をめぐって訴訟を起こすことも許されていた。とはいえ、女性は生涯の大半を男性の——結婚するまでは父親の、寡婦《かふ》になるまでは夫の——保護の下で暮らさなければならなかった。結婚前に父親が死亡すると、娘は亡父の主君の被後見人となった。被後見人の結婚相手は新たな家臣となるわけだから、当然、主君は被後見人の結婚に口を出すことになる。女性が莫大な遺産を相続するともなればその結婚はきわめてうまい儲け話にもなったから、大金を払ってこの利得に与《あずか》ろうとする求婚者も出てきたという。後見人になること自体も大いに魅力があった。被後見人が結婚するまでは、その荘園からあがる収入が後見人の懐に納まることになっていたからだ。中世の訴訟は、多くの場合、裕福な被後見人をめぐって起こされている。あまり裕福とはいえない被後見人にさえ目をつける貪欲な輩《やから》もいた。一一八五年、ヘンリー二世は王国内のすべての寡婦と相続人の登録簿を作るよう命じている。自分の取り分があればと期待したのだ。寡婦たちの年齢、子どもたち、保有する土地、家畜、地代、道具類など所有物すべてが細かく調べ上げられた。典型的な項目は次のようなものだ。

アリス・ド・ビューフォウ。トーマス・ド・ビューフォウの未亡人、国王の被後見人。年齢二〇歳。跡継ぎの息子二歳。シートンの領地の値五ポンド六シリング八ペンス。ほかに鋤《すき》二挺、ヒツジ一〇〇匹、役畜《えきちく》二頭、牝ブタ二匹、牡ブタ一匹、牝ウシ四頭を所有。領地が当人の管理下に置かれた最初の年の収入は、地代三六シリング一〇ペンスとコショウ二ポンド。また、地代のほかに小作人らから四シリングと荷車三台のオートムギを受領。

月齢わずか三ヵ月の裕福な孤児の後見人に誰がなるかをめぐって、ベリー・セントエドマンズ大修道院のサムソン院長が、ヘンリー二世の息子リチャード獅子心王と激しく争ったという記録が残っている。数頭の狩猟犬とウマを受け取ることで、最後は王が折れて院長の主張を認めたが、孤児の祖父が院長の裏をかいて子どもを連れ去ってしまったため、結局サムソン院長は後見人になる権利をカンタベリー大司教に一〇〇ポンドで売り渡し、やがて孤児の女の子が成長して値打ちが上がると、今度は大司教が後見人としての権利をトーマス・ド・バーグに五〇〇マーク（三三三ポンド）で売却した。トーマス・ド・バーグとは、国王の侍従でのちに行政長官にまで出世した人物の兄弟であった。

大領主の娘は家族と離れ、他の貴族の城や女子修道院で養育された。結婚しなければ修道院でそのまま生涯を過ごすことにもなった娘たちは、兄弟たちと比べて引けを取らない教育を受けたようだ。冒険物語の作者たちは男の子と女の子が受けた教育の違いをおどけた調子で、次のように描いている。男の子が習うのは「鳥に餌をやり、タカ狩りをし、猟犬を扱うこと、弓矢の使い方とチェスやバックギャモンのゲーム」、それに「フェンシング、馬術、馬上槍試合などの武芸」が加わった。一方、女の子は「針仕事や杼《ひ》(1)の使い方……ラテン語を読み、書き、話すこと」、そして「歌を歌い、物語を語り、刺繍すること」を習った。身分の高い女性たちは詩人の後援者となり、みずからも詩を書いた。学問に身を捧げた女性たちもいる。貴婦人たちは男性と同じように狩猟やタカ狩りを楽しみ（ハヤブサを抱く貴婦人を描いた紋章も多い）、チェスに興じた。

少女でいるのはつかの間のことだ。女性は一二歳になれば婚期を迎えたとされ、たいがいは一四歳までに結婚した。相続人ともなれば、ほんの五歳で形式上の結婚をしたり、幼いうちに婚約したりすることもあったが、このような場合は婚姻が成就する前に破談にすることもできた。二〇歳になるまでに子どもを何人も産み、出産の危機を切り抜けて三〇代にさしかかる頃には寡婦となるか、再婚しているか、あるいは孫を持つ身になっていた女性も多い。

荘園に住む小作農の娘たちが（たいていは妊娠してから）結婚するときは、当人たちの意思や気持ちが汲み入れられることもあったが、貴婦人の縁談ともなれば重大な問題だったから、好き嫌いで決めるわけにはいかなかった。ただし、例外もあった。ヘンリー三世の妹エレアノールは九歳でチェプストー城主の二代目ウィリアム・マーシャル伯に嫁ぎ、一六歳で寡婦となり、一二三八年にはウエストミンスター大聖堂内の国王専用礼拝堂で、レスター伯シモン・ド・モンフォールと結婚式を挙げている。花嫁を花婿に手渡したのはヘンリー王自身だったが、その翌年、モンフォールと不仲になった王は、モンフォールが求婚中に「卑劣にも、こそこそとエレアノールを汚した」と暴露した。「そちは余の妹を結婚前に誘惑した。余はその事実を知りながらそちにわが妹を妻として与えたが、これは醜聞を避けるため

恋人にハートを差し出す貴婦人(ボドレアン図書館、MS. Bod. 264, f.59)

であり、余の本意ではなかった」というのが王の言葉だったと、年代記編者マシュー・パリスは記している。

幸せな結婚生活を送った人もたくさんいたことがわかっている。十四世紀の貴族で作家のジェフリー・ド・ラ・トゥールが亡き妻をしのんで書いた文にはほろりとさせられる。

妻は美しく善良で、名誉や……立派な行いなどすべて善き事柄について知識があり、花のような佳人であった。妻は私の喜びであったから、私は妻のために愛の歌やバラード、ロンドー、ビルレイなど心をこめた詩を作った。しかし、すべてのものを襲う死が、妻を私から引き離した。私は悲しみにくれ、心は重い。妻を思って歎くこと、はや二〇年を超える。実に、真の恋人の心は誠の愛を捧げた女性を忘れることがない。

法律の上では離婚は認められていなかったが、婚姻無効は申し立てることができた。血族結婚のタブーが理由になることが多かったが、これは遠戚や姻族との結婚さえも血族結婚とみなされたからである。しかし教会は、必ずしも結婚無効の申し立てを認めるとは限らなかった。初代ウィリアム・マーシャルの孫にあたるチェプストー城主ロージャ・バイゴッド伯はスコットランド王の娘と結婚していたが、一二五三年になって離縁した。妻と血縁関係にあるといわれている、というのが理由であった。しかし、教会の裁定は妻を再び迎え入れるべしというもので、ロージャは裁定に従った。「以前はこの婚姻関係について疑問や疑いを持っていたが、教会の裁定がこのようなものであるからには、私は何ら支障なく、かつ喜んで、この婚姻関係を継続するものである」

花嫁は持参金を持って嫁いだが、その見返りに夫の不動産の三分の一に相当する寡婦産権を与えられた。特定の領地が寡婦産として指定され、結婚式の当日に教会の入り口で発表されることもあったが、このような形式を踏まなくても、寡婦には亡夫の土地の三分の一を受け取る権利が与えられていて、跡継ぎがなかなか譲渡に応じない場合は国王に訴え出ることができた。封建時代を通して寡婦産は一定率が定着していたが、徐々に結婚時の申し合わせで決まるようになっていった。

ひとたび結婚すれば、女性は夫の「権威の下」、あるいは「支配権の下」に置かれた。自分が相続した土地は夫が売却しても「異議を唱える」ことはできず、夫がともに出廷しない限り訴訟を起こすことも、夫の同意なく遺言状を作成することもできなかった。

だが、こうした権利のなかには、寡婦になれば取り戻すことのできるものがあった。相続した土地を夫が売却しても「夫の存命中は異議を唱えることができなかった」妻が、寡婦になって訴訟を起こし、取り戻した例もある。しかし、大憲章《マグナ・カルタ》以前のイングランドでは、国王が直属封臣の寡婦の再婚を取り決める権限を持っていて、寡婦が再婚を望まず、また自分で相手を選ぼうとすれば、国王に巨額の罰金を支払わなければならなかった。再婚をめぐる国王の権限はマグナ・カルタによってある程度は限定されたが、その一方で寡婦は主君たる者——国王であれ、国王の家臣であれ——の同意なく再婚することはできないという規定があらためて明記された。また、国王の被後見人は寡婦であれ、未婚の女性であれ「軽んじられてはならない」——つまり、身分の低い者と結婚してはならない——と規定する条項も設けられている。

結婚が法的に成立するには両人の同意が必要とされたから、結婚の契約が意志に反して結ばれたと一方が主張すれば、結婚を無効にすることもできた。一二一五年、イングランド国王ジョンは、侍従の娘でデヴォン伯の相続人であった若い寡婦マーガレットを、傭兵の長フアルク・ド・ブレオテに褒賞《ほうしよう》として与えた。九年後にファルクが追放処分になると、マーガレットは自分がこの結婚に同意した覚えはないと言って、国王と大司教に結婚の無効を宣言するように願い出た。一二五二年にマーガレットの死を知ったマシュー・パリスは、次のようなラテン語の詩を引用しながら、この結婚を「高貴と野卑、敬虔と不敬、美と不名誉の結合だった」と評している。
法が二人を結びつけ、愛と寝所での和合を命じた。
だが、いかなる法か。いかなる愛か。いかなる和合か。
法は無法、愛は憎悪、和合は不和であった。

しかし、マシュー・パリスは二人の結婚生活が九年におよび、子どもが少なくとも一人はいたこと、またマーガレットが結婚の無効を申し立てたのは、ファルクが失脚したあとのことだったという事実には触れていない。ファルクは一二二六年にローマで死亡しているが、そのとき妻と妻の世襲財産を取り戻そうとローマ教皇の判断を仰いでいる最中であったという。

女性としては法的に多くの制約を受けていたとはいえ、城の奥方は重要な役割を果たし、ときには指導者ともなった。城主が裁判や戦争、あるいは十字軍遠征、巡礼などで留守にしている間は、奥方が使用人に指図し、財政的、法的な判断を下して領地の運営にあたったのだ。城の奥方がこうした役割をやすやすとこなすことができたのは、常日頃から夫の協力者として管理の仕事を分担していたからであろう。召し使いたちや子どもの乳母を監督するほか、奥方には役人や騎士や高位聖職者ら訪問客を迎え、もてなす仕事もあった。ロバート・

グローステスト司教はリンカン伯夫人に対して、客人たちを「いそいそと、礼儀正しく、ほがらかに」迎え入れ、召し使いたちが「丁重に迎えて宿泊の用意を整え、客人に仕えるように」心を配りなさいと助言をしている。

法的立場こそ弱かったものの、女性たちは声なき影のような存在だったわけではない。当時の風刺家たちは女というものは口論好きでけんか早いと評している。パリの有名な説教師ジャック・ド・ヴィートリーの講話にはある夫婦の話が出てくる。

その妻はいつも夫が命じることと反対のことをした。夫は客を食事に招くのが好きだったが、そんなとき妻は決まって無愛想な顔で迎えるのだった。ある日、夫は数人の客を食事に招待し、庭の小川のほとりにテーブルを整えた。妻はテーブルから少し離れたところに川を背に座り、客人たちを険しい顔で見つめていた。夫が「客人たちに笑顔を見せて、テーブルの近くにおいで」と言うと、妻は反対に椅子をテーブルから遠ざけ、背後の川の縁まで押しやった。夫は怒って「もっと近くに来い」と言う。すると、妻はいきなり乱暴に椅子を押しのけ、その途端に川に落ちておぼれてしまった。夫は小船を出し、長いさおで妻を探しはじめたが、向かったのは上流である。人々が、なぜ上流なのかと聞いたところ、夫いわく、「あいつがいつも反対のことをして、まっとうなことはしたことがないって知らないのかい。普通の人と反対に、あいつは上流に流されていったに違いないさ」。

　マシュー・パリスが記した一二五二年の出来事からは、相手が圧倒的に強い立場にある国王であっても、みずからの意見をはっきり主張した中世の女性の姿が浮かび上がってくる。アルンデル伯夫人イザベラは、ヘンリー三世のもとに赴き、ある被後見人の問題について苦情を述べた。この被後見人をめぐる権利は主に伯夫人が握っていたのだが、その一部を王が主張しはじめたのだ。伯夫人は「女性でありながら」（と、マシュー・パリスはわざわざ書いている）次のように述べた。「陛下がみ顔を正義から背けられるのはなぜでしょうか。陛下の裁きに正義と公平を求めることはもはやできなくなりました。陛下は主なる神と私どもの間の仲介者であらせられます。しかし、陛下はご自身に対しても、私どもに対しても、賢く身を処しておられるとは申せません……。その上、恐れも恥もなく、王国の貴族たちをさまざまな方法で苦しめておられます」。国王は皮肉交じりに答えた。「伯夫人よ、これは一体どうしたことか。イングランドの貴族どもが……そなたに代弁者としての特許状《チャーター》でも与えたのか。まことにそなたは雄弁じゃ」。伯夫人は答えた。「いいえ、陛下、陛下の臣民である貴族たちが私に特許状など、滅相もないことでございます。それどころか、特許状《チャーター》と申せば、陛下こそこの私に与えられました。すなわち、かの大憲章《グレート・チャーター》（マグナ・カルタ）でございます。かのチャーターは私が陛下の御父上から賜りましたが、陛下はこれを忠実に守り、指一本触れぬとお約束なされました……。女とはいえ私は、また生まれながらに陛下の忠実な臣民である者すべては、かの畏るべき審判者の御前で陛下に対する告発をおこなうものでございます。天と地が証しとなるでありましょう。私どもは陛下に対する罪を犯しておりませんが、陛下は私どもを不法に扱っておられます——願わくは、復讐の神、主が私の恨みを晴らしてくださいますように」。マシュー・パリスによれば、これを聞いた国王は黙り込んでしまい、「伯夫人は、王の許可を求めもせずに、帰っていった」。

女性は封建制の中でさまざまな制約を受けていたが、それでも、ときには自分で自分の結婚を取り決めることもあったようだ。ジョン王の寡婦となったイザベル・オブ・アンギュレームは、有利な（少なくとも自分の好みにあった）再婚の機会を見つけると、これに飛びついた。結果として、当の再婚相手と六年前から婚約していた一〇歳のわが娘、ジョアンを押しのける形になった。領地支配の実権を握ろうとアンギュレームに滞在していたイザベルは「最愛の息子」ヘンリー三世に次のように書き送っている。

ここにご通知申し上げます。ラ・マルシェ伯（新郎の父親で、十字軍遠征中に戦死）が……世を去られた今、残されたヒュー・ド・ルジニャン殿は、いわば天涯孤独となられ、お世継ぎなく……殿のご友人方は、私どもの娘が若すぎるという理由で、殿との正式な結婚に反対なさいまして、早くお世継ぎをもうけるためにフランスで妻《めと》を娶るように進言なさいました。万一、そのようなこととなれば、ポワトゥやガスコーニュのそなたの領土も私の領地も失われることになってしまいます。結婚から起こり得るそのような事態を憂慮致しまして、またこれはそなたの顧問団から助言がいただけなかったためでもありますが……私はこのラ・マルシェ伯ヒュー殿を、夫として迎えました。私どもがこのように致しましたのは、自分たちのためというよりも、そなたのためを思ってのこと。これは神さまが証明してくださいます。このようなわけですので、最愛の息子であるそなたにお願いしなければなりません……。そなたに大いなる利益をもたらすことにもなるのですから、私の以前からの権利、すなわちニョール、エクセター、ロッキンガム、およびそなたの父上であり私の亡き夫からの遺贈金三五〇〇マークを返還していただきとうございます。

しかし、持参金も相続財産も、おいそれとは手に入らなかった。ヘンリー三世はラ・マルシェでイザベルのもとにとどまっていた妹のジョアンがイングランドに帰り着くまで譲歩するつもりはないと断り、イザベルは領地と遺贈金を受け取るまではジョアンを手放さないと言い張ったのである。ローマ教皇が仲介に乗り出して、イザベルとヒューはついにジョアンを手放すことになった。このジョアンはのちにスコットランドのアレクサンダー二世の妃となる。ヘンリー三世、イザベル、ヒューの三人はその後も長い間、持参金をめぐって言い争いを続けた。

活発な貴婦人がもう一人、オルデリクス・ヴィタリスによって記録されている。

エイヴレ伯（ウィリアム、一一一八年没）はもともと病弱であったし、また高齢でもあったため、妻に頼りきっていた。妻を実力以上に買いかぶっていたともいえるだろう。伯は（エイヴレの）領土の管理を完全に妻の手に委ねた。高貴な生まれの伯夫人（エルヴィス）は機知に富み、美貌で知られ、エイヴレ全土で最も優雅な女性の一人であった……。夫人は夫の重臣たちの勧告を無視し、自分の考えや野心を押し通した。政治問題についてもしばしば向こう見ずな案を考えつき、軽率な行動に走った。

並はずれた政治手腕を発揮した貴婦人たちも多い。トスカナ女伯マティルダは十一世紀イタリアで最も強大な封建国家を治め、当時大きな政治事件となったローマ教皇とハインリッヒ四世の争いでは決然と教皇の側に立っている。おかげでマティルダが所有していたカノッサ城の名は、ヨーロッパの諸言語である特定の意味を持つ言い回しに使われるようになった。[2] ブランシュ・オブ・カスティリアは十三世紀の四分の一という長期にわたってフランスを統治したし、イングランドではウィリアム征服王、ヘンリー一世、ヘンリー二世の妻たちが、夫の不在中に摂政の重責を立派に全《まっと》うした。

軍事社会で弱い立場に置かれていた女性たちが、包囲戦で城を守るだけでなく、軍を率いて戦闘に出ることもあった。ジャンヌ・ダルクが登場するはるか以前から、武具をまとい、馬を駆って戦う女性たちがいたのである。ウィリアム征服王の孫娘マティルダは、若くして神聖ローマ帝国皇帝ハインリッヒ五世に嫁いだためマティルダ后妃とも呼ばれ、十二世紀イングランドの内戦では、みずから軍を率いて従兄のスティーヴン・オブ・ブロアと戦った。つかの間の勝利を得たマティルダ后妃について、年代記『スティーヴン王事績《ゲスタ・ステファニ》』の編者は敵意をこめて次のように書いている。

「たちまち態度が大きくなり、貴婦人にふさわしい控えめな物腰でしとやかに歩くどころか、足取りも話しぶりも以前にも増して堅苦しく尊大になった……。その上、あらゆる面で気まぐれな、いや、むしろ、がむしゃらな振る舞いがはじまった」。この年代記編者は、スコットランド王、ウィンチェスター司教、弟のグロースター伯ら「王国の最重要人物たち」や家臣の一団がウィンチェスターにやってきて、マティルダ后妃の前で願い事をするためにひざまずいたときの様子を記して、マティルダ后妃は、立ち上がって丁寧に出迎え、願い事を聞き入れるどころか、無愛想な態度で一行を退出させ、この重臣たちの助言を聞こうともしなかったと書いている。こののち、マティルダ后妃は大軍を率いてロンドンに進み、市民たちの歓迎を受ける。だが、このときは最も裕福な市民を呼びつけて「大金を請求した。それも、控えめにではなく、居《い》丈高《たけだか》に命令した」と、この年代記編者は記録に書き留めている。市民たちが抗議すると、后妃は激怒したという。

のちに運勢衰え、オクスフォード城で包囲されてしまうマティルダ后妃だが、このとき取った行動にも激しい気性がよく表れている。

夜陰にまぎれて（城を）抜け出し、経験豊かな騎士三人に伴われて、約九キロ半の道のりを徒歩で進んだ。雪や氷の上（降り積もった雪で地面は白く覆われ、川面には厚い氷が張っていた）を歩くのは、マティルダ后妃自身はもちろん護衛たちにとっても大変な難行であった。后妃が足を濡らさずに進み、衣服もまったく濡れなかったのは、明らかに奇跡が起きたしるしだ。以前に（スティーヴン）王とその軍が町を攻略したときには人の頭が隠れるほど深かった川を、こうしてマティルダ后妃は渡りきり、哨戒区域を突破した。あたりはトランペットの大音や兵士たちの怒鳴り声でごった返しており、供の者を除いて后妃を知る者は誰一人いなかった。

紛争の一時期、マティルダ后妃はもう一人のマティルダ、つまりスティーヴン王の妃マティルダと戦うことになった。こちらのマティルダ妃は「女性の繊細さと男性の決断力を併せ持ち」、ロンドン攻略時にはみずから率いた兵たちに「放火と略奪、暴力と剣とで市内を徹底的に襲撃せよ」と命じたといわれている。

十三世紀の戦いで立派な務めを果たしたとして知られる女性に、年代記編者が「たくましい老婦人」と評したリンカン州長官の寡婦、ニコラ・ド・ラ・ヘイがいる。ジョン王の死後、フランス王太子ルイとルイを推戴《すいたい》するイングランド貴族の一派が攻めてきたとき、要衝リンカン城の守備にあたったこの老貴婦人は、敵軍の攻撃をすべて退け、ウィリアム・マーシャルが援軍を率いて駆けつけるまで城を守り通した。

不屈の精神と独立心で最もよく知られるのは、マティルダ后妃の息子の妻となったエレアノールだ。フランス南部アキテーヌの広大な領地を相続したエレアノールは、若くしてフランス国王ルイ七世の妃となったが、聖地でレイモンド・オブ・アンティオクと不倫の仲となり、王との婚姻生活は終わりを迎えた。それでもエレアノールは、修道院に引きこもるどころか、マティルダ后妃の息子と結婚する。この二度目の夫は二年後にヘンリー二世としてイングランドの王座についた。エレアノール妃は政治問題にしきりと口をはさみ、息子たちに謀反を起こすようにけしかけたので、怒ったヘンリー王はついに妃をソールズベリー城に幽閉してしまう（一一八三年、王の命により釈放されることになったと妃に告げたのは、チェプストー城主ウィリアム・マーシャルであった）。ヘンリー王が没したあとのエレアノールは、イングランドやフランス各地の城を渡り歩き、崇拝者に取り囲まれながら過ごした。のちに、孫のアーサーと息子ジョンとの間でイングランド王位をめぐる争いが起きたとき、八〇歳のエレアノールはきわめて重要な役割を演じている。

エレアノールの故郷フランスのアキテーヌは、西洋詩の伝統の基礎を築いたトルバドゥール(3)が生まれた土地である。エレアノールの祖父、アキテーヌ公ギョーム九世は、その作品が現存する最も初期のトルバドゥールだ。エレアノールにはトルバドゥールたちの作品を北フランスやイングランドに伝えた功績があったとする見方もある。エレアノールが最初の結婚でもうけた娘、マリー・ド・シャンパーニュもまた詩人たちの後援者となった。マリーの庇《ひ》護《ご》を受けた詩人たちのなかには、ランスロットとグィネヴィアの冒険物語を書いたクレティアン・ド・トロワがいる。また、(フランスの)トロワのマリーの宮廷では、貴族社会にきわめて大きな影響を与えた著作も生まれている。アンドレアス・カペルラヌス(礼拝堂付き司祭アンドレ)がローマ詩人オウィディウスの著作を手当たり次第に取り入れて書いた『宮廷風恋愛について』である。この著作を通して中世盛期の貴婦人たちの風俗習慣や、品行、会話、思想などをうかがい知ることができるのだが、そこから浮かび上がってくるのは、洗練され、機知に富む女性たちだ。その姿は、性の対象物として大事にされる冒険物語の中の女性、あるいは公民権を与えられないまま、男の持ち駒として利用されるだけの女性のイメージとは大きく隔たっている。

『宮廷風恋愛について』のテーマは、伯夫人マリーが著者アンドレアスに宛てて書いたとされる手紙——真の恋は夫婦の間に存在するかという問いへの返書——に要約されている。

恋は、結婚している二人の間でその力をふるうことはできません。私たちはこれを確たる事実として宣言致します。なぜかと申しますと、恋する者同士は、何ら強制を受けず、また必要に迫られることなく自由にすべてを与え合うものですが、結婚している男女は相手の欲望に従い、何ごとであれ互いに相手を拒んではならないという義務でしばられているからです。

その上、恋人同士のようなやり方で妻を抱擁したとしても夫の名誉がいかばかり高まるというのでしょうか。それによって夫婦の人格が高められることはありません。夫婦はすでに権利として持っているもの以上に何かを得ることはないように思われます。

また、ほかの理由からも同じことがいえます。恋の掟によれば、どんな女性でも、たとえ結婚していようとも、婚姻の絆の外で恋の兵士の務めを果したと認められない限り、恋の王から褒美の冠をいただくことはできません。そしてまた、別の掟によれば、何人《なんぴと》も二人の人を恋することはできません。したがって、恋は夫と妻の間ではその権利を認めることはできないのです。

さらに、夫婦の間の恋の妨げとなる今ひとつの理由も挙げられます。すなわち、夫と妻の間には真の嫉妬というものが存在し得ないということです。嫉妬なくして、真の恋はあり得ないでしょう。恋の掟によれば、「嫉妬をしない者は恋をすることができない」のです。

『宮廷風恋愛について』には「恋の裁き」を取り上げた一章がある。エレアノールやマリー

愛の神、エロスの前にひざまずく恋人たち　エロスは1人に矢の狙いを定めている（トリニティ・コレッジ、ケンブリッジ、MS. B. 11.22）。

の宮廷では貴婦人たちが集まって「恋の法廷」を開き、さまざまな恋について裁定を下したという――こうした集まりは、今日では、風雅な作り話にすぎないと考えられているのだが。

ある貴婦人が申し分のない恋人を持っていたが、やがて自分の責任でというわけではなかったが、立派な男性と結婚した。すると、貴婦人は恋人を避け、いつものように慰めを与えるのを拒むようになった。しかし、エルマンガルド・オブ・ナルボンヌ夫人は、次のような言葉でこの貴婦人の行いは悪いものであると説明なさった。「婚姻の契約を結んだからといって、以前の恋人を排除するのは適当なこととは申せません。ただし、その女性が恋というものを完全にあきらめ、決して再び恋をしないと心に決めたのであれば別ですけれど……」

　ある女性が結婚していたが、離婚して夫と別居した。すると前夫が女性の恋を激しく求めるようになった。この件について夫人は次のように答えた。「結婚していた二人が、どのような形であれ、のちに別れたのであれば、この二人が恋をするというのはまったく不道徳なことであると私たちは考えます……」

　ある騎士が一人の女性に恋をした。この女性はすでに別の男に恋を許していたのだが、騎士は次のような希望だけはこの女性から得ることができた――女性は、万一にも恋する男の愛を失うようなことがあれば、必ず騎士に愛を捧げると約束したのである。やがてこの女性は恋する男と結婚した。そこで騎士は希望の果実を与えてくれるように女性に求めたのだが、女性は恋する人の愛を失ったわけではないと言ってきっぱりと拒絶した。この件について王妃は次のような裁定をお下しになった。「シャンパーニュ伯夫人のご意見に異を唱えることはできませんね。伯夫人は、恋は夫と妻の間ではその力をふるうことができないと裁定を下しておられます。したがって、私どもはこの女性に約束したとおり恋を与えるよう勧告いたします……」

　さらにシャンパーニュ伯夫人は、女性が恋人から受け取る贈り物としてはどのようなものが適当かという質問をお受けになった。この質問をした男に伯夫人はこのようにお答えになった。「恋する女性は恋人から次のようなものを自由に受け取ってかまわないと思います。ハンカチ、ヘアバンド、金や銀の飾り輪、飾りピン、鏡、帯、財布、飾り房、櫛、袖、手袋、指輪、小箱、絵、手洗い鉢、小皿、盆、記念の旗……女性が身を飾るのに役立つような細々したもの、見て楽しいもの、あるいは恋人を思い出させてくれるようなものなら受け取ってもよいでしょう。ただし、贈り物を受け取るときに貪欲な気持ちが少しもない、ということが明らかでなければなりません。

しかし……女性が恋人から愛の証しとして指輪を受け取るなら、それを左手の小指にはめ、指輪の宝石は手の内側に隠しておかなければなりません。なぜなら、左手は普通、不正な行為や恥ずべき接触に関わることが右手よりも少ないとされているからです。人の生と死はほかの指よりも小指に宿っているといわれており、また恋をする人というものは恋を秘密にしておかなければならない義務があるからです。また、恋人たちが手紙を交わすときには、実名を署名してはなりません。さらに、もし恋人たちが何らかの理由で貴婦人たちの法廷に出廷するときには、名前や身分を判事たちに決して明かしてはなりません。また、訴えは匿名で提出しなければなりません。恋人同士の手紙には自分たちと腹心の者たちだけが知っている秘密の印章でない限り、自分の印章を使ってはなりません。このようにすれば、恋はいつもつつがなく続くでしょう。

中世文学が「宮廷風恋愛」（この用語はかなり後代になってから作られた）を理想として

描いたとしても、実際に不倫問題が起きると、そこで適用されたのは厳然たる男性中心の二重基準であった。教会は不倫を両性に禁じていたが、王、伯、領主、騎士といった身分にある人たちが愛人を囲うのはごく普通のことだったし、非嫡出の子どもたちも大勢いた（ヘンリー一世には二〇人あまり、ジョン王には知られているだけで五人の非嫡出子がいた）。女性の不倫は別問題で、過ちを犯した妻は屈辱を受け、夫から捨てられ、その愛人は身体を切断されるか殺されることになった。問題とされたのは道徳ではなく、男の面目である。主君の妻との密通は反逆罪とみなされた。フィリップ四世（端麗王）治世下のフランスで、国王の息子たちの妻と情を通じたとされた二人の貴族は、去勢され、馬の後ろにつながれて絞首台まで引きずられ、「姦通者としてだけではなく、最も忌むべき反逆者として」絞首刑になった。

名誉に関する微妙な考え方は（それに、くだんの名誉がもっぱら男のものだったという事実も）、マシュー・パリスが記録したふたつの事例によく表れている。ゴドフリー・ド・ミラーズという名の騎士が別の騎士の家に「娘と寝ることを目的に」入った。娘は「既婚の男性の愛人とみなされることを恐れて」黙っていたのだが、それでも騎士は捕らえられ、打ちすえられ、去勢された。娘の父親をはじめとして、こうした暴行におよんだ男たちは罰として追放処分となり、財産を差し押さえられた。状況証拠があいまいだったにもかかわらず――襲われた娘はただ身を守ろうとしていたのかもしれない――、マシュー・パリスは娘が

「娼婦」で「密通者」だとためらうことなく断言し、騎士に対する仕打ちを「きわめて残酷な行為……非人間的で無慈悲な犯罪だ」と非難している。ほぼ同時期に「あるハンサムな聖職者、裕福な教会の司祭」が同じようなことをしでかし、同じような仕打ちを受けた。この人物は客を招き、豪勢にもてなすこと——貴族社会であまねく賞賛される行い——にかけては、近隣の誰にもまさる腕を持っていた。国王は、マシュー・パリスと同様に、この聖職者の不運を深く悲しみ、妻を寝取られた夫以外は何人《なんぴと》も密通者を去勢してはならないと法律で定めるよう命じた。女性の父親や家族、あるいは女性自身の名誉はさておき、夫の名誉こそ神聖なものだったのである。

一方で、女性の征服を自慢する男もいた——エレアノール・オブ・アキテーヌの祖父ギョーム九世は聾唖《ろうあ》者を装って「グアリンとバーナードの奥方たち」（実在の人物であったかどうかは不明）を訪れたことを詩に書き残している。夫人たちはギヨームをさんざん調べた挙句、本当に「石のように口がきけない」ことがわかると、このような次第になった。

アンはエレアノール夫人に言った、
「この男、本当に口がきけないこと、あなたの頭に両目がついているくらいはっきりしているわ。
お姉さま、さあお風呂とベッドの支度をするのよ。

楽しい恋の戯れがはじまるわ」
八日間というもの、あの焦熱地獄に俺はいることになった。

俺が何回やったかって？　教えてやるよ
一〇〇と八八回ってとこさ。
俺ときたら、もう少しでへまをして
大事なものを壊すところだった。
俺がどんな目にあったか、とても言えはしない――
俺には荷が重すぎたというわけさ。

中世の考え方は、立派な女性はセックスを楽しむものではないというヴィクトリア時代の観念とはまったく違う。男と女は性に関して生理学的に同等であるとみなされていたし、実のところ――ギヨーム九世の詩に見られるように――性感は女のほうが強いというのが一般的な考えだった。中世の艶笑譚《ファブリオー》やモラリストたちによる風刺には、好色で飽くことを知らない女性たちがしばしば登場する。十三世紀に書かれた『マシューの歎き』には、妻が夫婦としての当然の権利を精力的に求めるとぼやく夫が描かれている。「私はもう昔の元気がなくなった。それで妻の求めに応じないと、妻は私の髪の毛を引っ張るのだ」

十三世紀のドイツの学者アルベルトス・マグヌスによるアリストテレスの注解書の抜粋で、『女性の秘密』と題して大いに広まった書があるが、その中に、性の交わりにおける喜びは女性よりも男性にとって大きいかという設問がある。[4]答えはノーであった。賢者たちは言う――そもそも質料は形相を取ろうとするものであるから、不完全な存在である女性は男性と一体になることを望むのだ。不完全なものが完全になろうとするのは必然だからである。したがって、より大きな快感と欲求は女性のものだ。次に、と賢者たちは続ける――オルガスムは性の交わりにおいて女性の種が放出されたしるしである。二重の快感は単一のものよりも大きい。男性は種の放出によって快感を得る。だが、女性は種を放出し、受け取る二重の快感を得るのだ。そういうわけで、妊娠とは性の交わりで女性が快感を得たしるしだと考えられたから、女性がレイプを訴え出ても、妊娠すれば訴訟を取り上げてはもらえなかった。さらに、アルベルトスはアリストテレスから次のような説を引き出した――女性の子宮内には種、あるいは溶剤《メンストルアム》[5]が徐々にたまり、それにつれて性的欲望が高まっていく。月経は男性の射精に相当し、周期的に性的満足を与えるものだ。したがって、男性は女性に比べてさらに激しい快感を得るとしても、女性が得る快感は男性に比べて一層大きい。妊娠すると溶剤は子宮内にとどまって胎児を形成し育てるが、その間に女性の性的欲望は頂点に達する。アルベルトスが説いた性に関するこうした考え方は、聖職者たちによる女性蔑視を映し出すものでもあった。女性は、単に生理的な現象としてより大きな欲望を持つのではなく、判断力が弱く、不完全な存在で、劣っているがゆえに優れた者を求めるのだ、と考えられたのである。

騎士道のしきたりは、十三世紀の『薔薇物語』にあるように、「貴婦人を尊び……万人の尊敬を集めたいなら貴婦人と乙女たちに仕えよ」と説いた。男性に求められたのは、礼儀を守り、機知に富んだ会話をし、たしなみを身につけ、穏やかに話すことであり、男性は貴婦人に対して「不愉快なことは一切してはならない」とされていた――が、現実には妻を殴る男がいた。ジェフリー・ド・ラ・トゥールは他人の前で口答えした妻の鼻を折ったある領主のことを記録している。「妻の鼻は生涯曲がったままとなり、容貌が損なわれた妻は、恥ずかしさのあまり人前に出られなくなってしまった。まことにひどく醜い姿であった」

いずれにせよ、女性に対する礼儀正しい態度は、女性の地位向上にはつながらなかった。それどころか、物としての女性の役割を強調したのである。『宮廷風恋愛について』が記す騎士と貴婦人の対話の中に、二人の男に言い寄られた女性が、「恋の慰め」を上半身と下半身のふたつに分けるとすれば、どちらを選ぶかと男たちに尋ねたという話がある。騎士は上半身の慰めのほうが優れていると思うと言った。それは野獣が求めるような慰めではなく、絶対に飽きないものだからだという。それに比べて「下半身の喜びはじきに飽きるもので、それを味わった者に後悔の念を起こさせた」。貴婦人はこの意見に賛成しなかった。「何ごとであれ恋人たちがすることの目的はただひとつ、下半身の慰めを得ることです。ここにこそ恋の効能の完成があり、すべての恋人たちが主として求めるものでもあるのです。これがなければ恋人たちはただ恋の前奏曲を聞いているとしか思わないでしょう」。『宮廷風恋愛について』は騎士の見方に軍配をあげているが、別の判断を下した作品もある。フランスの韻文譚『色好みの歌《レイ・オブ・ザ・レッチャー》』では、ブルターニュの宮廷で八人の「賢く教養のある」貴婦人たちが、騎士が武芸試合や槍試合や冒険をする目的について語り合っている。

優れた騎士になるのはなぜ？
武芸試合が好きなのはなぜ？
新しい衣服に身を包むのはなぜ？
宝石や、宝物や、指輪を
私たちに贈ってくれるのはなぜ？
気さくで愛嬌よく振る舞うのはなぜ？
悪い行いを慎むのはなぜ？
愛の語らいが好きなのはなぜ？

こうした問いかけに、この詩の作者は一連の言葉遊び――「下半身の慰め」の中心を指すフランス語の俗語 con を使った——で答えたのだった。

騎士道や宮廷風恋愛が城の奥方たちにどれほどの影響をおよぼしたかは定かではない。ともあれ、宮廷風恋愛は良くも悪くも長く後代に——現代のエチケットや、「ロマンティックな愛」の概念に——その名残をとどめたのである。

注

（1）機織で横糸を通す道具。

（2）ハインリッヒ四世が教皇滞在中のカノッサ城で、雪の中を三日間立ち尽くして破門の赦免を請うた事件に由来する。Go to Canossa は「へりくだる」、「謝る」を意味する。

（3）中世ヨーロッパ、特に南フランスで活躍した詩人兼作曲家たち。オック語で詩歌を作り、歌った。

（4）アリストテレス哲学は、現実に存在する個物は質料（ある個物たり得る素材）が一定の形相（個物の形態）をとったものであり、形相が質料を限定することで成り立つと考える。

（5）もとは錬金術の用語で、子宮の中で卵子を変質させる溶解力にたとえたもの。

第五章　城の切り盛り

城には城主と奥方、子どもたちに加えて家来たちがひとつの世帯として住んでいた。城主がどれほど裕福かによって召し抱える人数はさまざまだったが、概して家来たちはふたつのグループに分かれていたようだ。「メスニエ」と呼ばれたのは、城内に住む騎士をはじめとして外部から見張り役に雇った騎士やその従者、兵士や城門の守衛、警備係といった軍人たちである。これとは別に、城の経営や家事を担当する人々がおり、こちらを率いるのは家令《スチュワード》、あるいは家宰《セネシャル》と呼ばれる人であった。家令は荘園を管理し、財務や法律に関する日常事務をさばき、召し使いたちに指示を出した。

召し使いたちは城内各所のそれぞれに割りあてられた場で働いていたが、こうした仕事の分担はやがて役職として確立されていく。家令ももとはといえば大広間で働く召し使いだった。礼拝堂と内陣を受け持っていたのは司祭や司祭の秘書であり、城主の大寝室《チェンバー》で働いたのは侍従《チェンバレン》である。衣装部屋を担当する召し使いもいた。大樽や壜《ボトル》に入った酒類が貯蔵されている部屋の責任を持ったのは執事《バトラー》である。広間の入り口には案内係が、厨房には料理人が、厩舎には馬係がいた。役職のなかには時がたつにつれてその範囲が広がり、さまざまな職務を兼ねるようになったものもある。家令は領地全体を管理し、侍従や衣裳部屋係は財務を担当し、礼拝堂付き司祭とその助手は書記官の機能を持つようになったのである。

こうした役職も、王室では次第に形骸化し、儀式的な風習へと変わっていった。ウィリアム・マーシャルの伝記作者は、ヘンリー二世の一行がカーンで迎えたある年のクリスマス、祭りの宴がはじまる直前の様子を書き記している。召し使いがヘンリー二世と王子たちのために手洗い鉢を用意すると、ウィリアム・マーシャルの後援者であったノルマン貴族ウィリアム・オブ・タンカーヴィルが飛び込んできて手洗い鉢を取り上げ、水を注いだ。王が手を洗うときに介添えをする職務は、元来はタンカーヴィル家の世襲の役目だったのである。マシュー・パリスは、ヘンリー三世の婚礼で大領主たちがそれぞれ自分の役職が定める卑しい仕事をおごそかに執りおこなう様子を次のように書いている。

教会でも祝宴会場でも、官杖《かんじょう》を手に王の先導役を務めたのはイングランドの高官であるペンブルック伯（ウィリアム・マーシャルの息子ギルバート）であった……。レスター伯は王が食事の前に手を洗えるように水の入った鉢を差し出し、アルンデル伯に代わって王の献酌人を務めたのはウォレン伯であった。若いアルンデル伯がまだ騎士に叙任されていないためであった……。森林長官が王の右側に立ち、卓上の杯を並べ直していた……。

料理する人々　ラトレル詩篇集から。左側では、大きな穴あきスプーンと肉をつるすフックを持った料理人が大釜で肉を煮ている。右側は肉を切る料理人 (大英博物館 MS. ADD. 42130, f.207)。

城では家事担当の役職者が大勢の召し使いを束ねていた。一二六五年、国王の妹のレスター伯夫人エレアノール・ド・モンフォールには六〇人以上の召し使いがいたと記されている。チェプストー城主たちの縁戚にあたるボゴ・ド・クレアという聖職者が一二七〇年代に記した家計簿が残っている。それによれば、ド・クレア家には騎士二人と「数えきれないほどの」従者、加えて馬丁《ばてい》一三人、小姓《こしょう》二人、料理人一人、医師、多くの書記と下働きの召し使いがいた。

城で働く人々のなかで最も重要な地位を占めたのは家令である。十二世紀には家令が一人で荘園経営も家事も監督するのが一般的だった。だが十三世紀に入ると一人が荘園を、もう一人が日常の家事をというように二人の家令が職務を分担するようになる。荘園管理を任された家令は騎士の身分の人が多く、裁判をつかさどったり、他の役職者や騎士たちからなる顧問団を率いたり、ときには領主の代理として宮廷に伺候《しこう》したりして領主を補佐した。高給で雇われ、毛皮の縁取りをした立派な職服を与えられ、なかには持ち家に住む者もいた。シモン・ド・モンフォールの家令、リチャード・オブ・ハヴェリングは騎士采地《さいち》の四分の一に加えて、土地や借地を与えられたが、なかには年間の地代がバラの花一本にすぎない借地もあった。一二六五年、シモン・ド・モンフォールが諸侯を率いて反乱を起こしたとき、信任厚いこの家令はウォーリングフォード城の守備を任されている。

家令は会計係の補佐を受けながら、主人の領土や封土《ほうど》の帳簿をつけた。荘園ごとの収入、地所の面積、生産物、家畜類、税金その他の支払い、貨幣地代、裁判からの収入などが細かく記録された。

十三世紀に書かれた荘園経営の手引書『家令職』は、家令の職務について次のように述べている。

家令たる者、つねに思慮深く、忠実に主人の利益を図り、主人の事業を守ることを義務と心得よ。常日頃から王国の法律に通じ、問題を抱える配下の代官に適切な助言や指示を与えなければならない。管理下にある荘園を年に二、三回は巡回し、地代、奉仕、年貢などについて……さらに、裁判管轄権、領地、森林、牧草地、牧場、川や湖、水車小屋など荘園に関わるすべての事柄について調査をおこなうべきである。

荘園の巡回にあたっては、まずは信用できる人物に土地を測量させ……耕作の方法や農作物の種類について調べ、輓馬《ばんば》、畜牛《ちくぎゅう》、牡ウシ、牝ウシ、ヒツジ、ブタなどの飼育および改良方法を調査し……さらには、荘園の家畜がそれぞれ適正な数であることを確認し、牧草地の広さに適さないほどに家畜がいる場合は過剰分を他の荘園に移さなければならない。また、主人が負債の返済や物品の購入などのために金銭を必要とすることがあれば、返済期限がくる前に、あるいはその金銭が必要とされる日時の前に、どの荘園から拠出すれば最も有利で損失が少ないかを調べなければならない……。荘園を巡回するときには、代官が荘園の内外でいかに振る舞っているか、いかに職務を果たし、改良をおこなっているか、代官の管理によって荘園がいかに利益をあげたかを調査しなければならない。さらに……他の雇い人すべて……について調べ、主君にとって不要な人員、あるいは役に立たない召し使いを去らせるべきである……。

また荘園を見回るにあたっては、狩猟園、池、兎繁殖場や飼育場、鳩小屋、その他の施設について、代官の管理の下で主君の損失につながる不法行為や違反行為がなされたか否かを調査しなければならない。

チチェスター司教の家令であったサイモン・オブ・センリスが一二二六年に主人に書き送

った手紙からは、その働きぶりがうかがえる。

　ご主人さまにお知らせ申し上げます。ウィリアム・ド・セント・ジョン殿は現在サセックスにおられませんので、私にお命じになった仕事はできない状態であります。サセックスにご到着になり次第、ご命令のようにことを運び、ご主人さまの名誉にふさわしく仕事を完了させることに全力を傾注する所存でございます。貧者に配るための布地八五エル(1)をご主人さまのもとにお送り致しました。チチェスターのあなたさまの酒蔵にあります古いワインにつきましては、チチェスターの町には新しいワインが豊富に出回っておりますため、有利な条件で売ることはできませんでした。さらに、ご主人さま、国王陛下のご下賜《かし》によりあなたさまのものとなりました畑地内の一部を、チチェスター市民の一人が小作地として保有しておりますことをご報告しなければなりません。地代としてこの者はサセックス州長官に二シリングを支払っております。この小作地は前述の畑地に所属するものではありますが、ひさしく所属を離れていたものでございますゆえ、この地代についてご指示をお願いいたします。セスリーの荘園では、炭酸石灰を含む白土《しらつち》を用いた施肥《せひ》作業を適切に進めておりまして、すでに五エーカー(2)の施肥を終えました。

後日の手紙には以下のように記されている。

プレストンのあなたさまの荘園は、トーマス・オブ・サイレンセスター殿があなたさまのもとに遣わされたリチャードに託しました。このリチャードはヒツジの飼育について熟知していると見受けられます。一方、チチェスターにあるあなたさまの森については、よく管理し、神のみ恵みによって、適切な状態になるように致します。さらにお知らせ致しますが、あなたさまのご家臣のR殿と私は、聖フェイスの祝日後の日曜日にオルディングボーンにまいり、そこでカンタベリーの殿さまとあなたさまの間の分配をおこないます。これはお願いでございますが、もしあなたさまの大荷車をその当日にオルディングボーンに差し向けてくださいましたら、ロンドンのあなたさまのもとに、狩猟園でとれた獲物肉やその他の産物、および貧者のための布地を――ウィンチェスターの市場で三〇〇エル購入いたしました――お望みだけお送りすることができます。種まき期の近い今、荘園にあります小荷車でこれらの物品をお送りすることはできません。とりわけご報告申し上げるべきは、ご主人さまのいずれの荘園でも作物が無事に刈り取られ、納屋に収められまして、利益が出ることが確実であるということでございます。

さらにこうも書いている。

ご主人さまにご報告申し上げます。私はロンドンにまいりまして……燃料用、醸造用、修理用の木材をあなたさまのもとにお届けすべく全力を尽くして手配致しました。また、ウエスト・ミュルネや他の件につきましてもすべてつつがなく順調にことが運びました。ありがたいことでございます。また、ご家中の冬越しのために必要と思われます羊毛をお届けするよう手配もいたしました……。ロンドンにあるご主人さまの肉貯蔵室に入れるための牛肉につきましては、ロバート・オブ・レキシントン殿とご相談ください……。ご主人さま、もしお心にかなえば、ウエスト・ミュルネの古いコムギは粉に挽き、あなたさまがおいでになる前にロンドンに送られますようお願い申し上げます。

別の手紙では、鉄を購入してグロースターとウィンチェスターへ送る手筈を整え、ヨークシャーのヴォウディー修道院からサセックスの荘園へヒツジを移送するよう進言し、マンダムの司教代理の二人の妻のことや、仕事が遅い代理人のことを報告し、また雇い人の一人を昇進させるべく推薦している。

家事万端を取り仕切った家令には、城の日々の支出を記録する責任もあった――大領主ともなれば城主夫妻の勘定を別にすることもあったし、王室では子どもたちさえ別勘定だった。家令は毎晩、じきじきに――領主が任命した代理を通すこともあったようだが――料理人をはじめ酒類や食糧の管理人や厩舎係たちとその日の支出を計算し、仕入れた食糧――

肉、魚、穀物——のリストを作った。肉は家令の目の前で切り分け、詳細な一覧表に記録してから料理人のもとに運ぶのだった。家令は一クオーター[3]のコムギからパンの塊がいくつ取れるか知っていなければならず、パン焼き係がきちんとした数を食糧貯蔵室の責任者に届けたかどうかを確認するのも職務であった。

聖ミカエル祭（九月二十九日）から次の聖ミカエル祭までを一区切りとした城の家計簿には、穀物、パン、ワイン、ビールなどの量、台所用品、厩舎の必要品、ウマの頭数、まぐさやオートムギの量、それらがとれた荘園の名前などが、たいてい同じ順序できちんと書き記された。訪問客についての記録もあった。召し使いはいつも客人たちを歓迎したわけではない。エドワード王子（のちのエドワード二世）の一二九三年六月の帳簿には次のような記載がある。「正餐にジョン・オブ・ブラバント（エドワード王子の義兄弟）殿が来訪。ウマ三〇頭、従者二四人、エドモンド卿（エドワード一世の弟）の子息二人が同行。客人たちのためのまぐさ、オートムギ、労賃などはすべて当家の負担」。四日後の欄には「まだ滞在中」とそっけなく記され、最後は「今なお滞在。今日は難儀な一日」と結ばれている——客人たちは数人の外国人を連れてフルハムの馬上槍試合に行き、家中の者は豪華なもてなしを用意しなければならなかったのだ。

エレアノール・オブ・モンフォールの家計簿は、十三世紀の城の家計がどのようなものであったかをうかがわせる貴重な資料である。この家計簿はこの種の帳簿としては現存する最古のもので、ごく普通の一週間（一二六五年五月）に一家の切り盛りにいくらかかったかが詳細に記録されている（貨幣価値についていえば、十三世紀の熟練工に支払われる賃金は、日当四ペンス半――一シリングは一二ペンス、一ポンドは二〇シリング――が相場であった）。

日曜日、伯爵夫人とシモン・ド・モンフォールの殿および（伯爵夫人の供の）前述の者たちに供す――パン、一クオーターと二分の一。ワイン、四セクスタリー[4]。ビール、計算済み。［厨房］エヴァーリよりヒツジ六匹、牡ウシ一頭、仔ウシ三頭。獣脂八ポンド、一二シリング二ペンス。家禽六羽、三シリング。たまご、二〇ペンス。コムギ粉、六ペンス。賄い用パン、三ペンス。ガチョウ一〇羽、計算済み。［厩舎］ウマ五〇頭用のまぐさ。オートムギ、三クオーター半。

合計一七シリング七ペンス

貧者への施し一五日分のパン、一クオーターと一ブッシェル[5]。ビール、三四ガロン[6]。猟犬用のパン一五日分、五クオーターと五ブッシェル。さらに、日曜日の貧者への施しにニシン一二〇尾。オディハム（城）でコムギの麦芽二七クオーター分を用意した費用、二シリング三ペンス。クリスマス用品の洗濯、一五ペンス。酵母、六ペンス半。ワイン三樽をスタインズからオディハムまでセイマンが輸送、一三シリング六ペンス、ワインはロンドンの伯爵邸からのもの。

合計一七シリング六ペンス半

月曜日。伯爵夫人と前述の者たち、オディハムで食事、その後遅い時刻にポートチェスター（城）へ出発。パン、一クオーター。穀物、二ブッシェル。ワイン、四と二分の一セクスタリー。ビール、計算済み。[厨房] 肉、計算済み。たまご、一五ペンス。家禽、計算済み。[厩舎] 鍛冶屋、二ペンス。狩猟園管理人ドッブにウマ一頭託し、伯爵夫人の案内を依頼、一〇ペンス。

合計二七ペンス

火曜日〜水曜日。召し使い一同、ポートチェスターにてシモン・ド・モンフォールの殿さまより賃金を支払われる。

木曜日、ポートチェスターにて。伯爵夫人、R・ブルースおよびA・ド・モンフォールの殿方、従者一同、シモンの殿の召し使いたち、城の守備隊に供す——パン、八シリング購入およびチョートンの召し使いより二分の一クオーターを受け取る。ワイン、貯蔵分から。［厨房］肉購入、二シリング五ペンス。チョートンの召し使いよりヒツジ六匹。城の貯蔵分から保存処理済みブタ一頭。たまご四〇〇個、一八ペンス。塩、三ペンス半。［厩舎］ウマ四五頭のためのまぐさ、城の貯蔵分から。うち伯爵夫人のウマ二四頭、シモンの殿と従者のウマ九頭、エマリーのウマ八頭、ケムシングの司祭のウマ三頭なり。オートムギ、チョートンの召し使いより一クオーター受け取り、二クオーターを五シリングで購入。家禽のえさ、一四ペンス。

合計一八シリング四ペンス半

金曜日。伯爵夫人と前述の者たちに供す——パン、購入分六シリング二ペンス、チョートンより一クオーター。ワイン、在庫分から、うち上質のもの八セクスタリー。ほかの種類一〇と二分の一セクスタリー。［厨房］サバ、二一ペンス。脂、八ペンス。ボラ、一五ペンス。カレイ、七ペンス。たまご、九ペンス。粗挽き粉、一三ペンス。土鍋、三ペンス。塩、三ペンス半。ケイパー、三ペンス半。［厩舎］ウマ四八頭のためのまぐさ、一二ペンス、うちシモンの殿のウマ一二頭。オートムギ、三クオーターと一ブッシェル、うち一クオーターを二シリング六ペンスで購入。草の取り入れ三夜で二ペンス。

合計一六シリング九ペンス

土曜日。伯爵夫人と前述の者たちおよびJ・ド・カテリングトン殿ほかに供す——パン、一クオーターと二分の一はチョートンの召し使いから。ワイン、一六セクスタリー、うち九セクスタリーは上質。鍋とコップ類、六ペンス半。〔厨房〕魚、四シリング七ペンス。たまご、二シリング四ペンス。タルト用チーズ、一〇ペンス。鉢四個購入、一七ペンス。酢と辛子、五ペンス。運送料、五ペンス。〔厩舎〕まぐさを大量に購入、一三シリング一ペンス。五二頭分のオートムギ二クオーターと二分の一がチョートンの召し使いから、うちシモンの殿のウマは一二頭。荷車二台分のまぐさ運送費、七ペンス半。

合計二四シリング三ペンス半

荘園管理には手紙の書き方や法的手続きをはじめとして、書類の準備や経理などの知識が求められたから、家令になるには特別な訓練が欠かせなかった。ヘンリー三世の治世の初め頃から、オクスフォードの町の教師たちが荘園管理の講座を定期的に開くようになり、領主に雇われて実地奉公をはじめる機会に恵まれた青年たちを六ヵ月から一年間ほどかけて訓練したようである。

実際、家令職につくというのも悪い話ではなかった。家令に与えられていた合法的な役得は結構なものだったし、あまり合法的とはいえない役得に与《あずか》る者がよくいるのも広く知られていた。十四世紀の風俗本は家令について、「正直者は少なく、大部分は不誠実だ」と断じている。モラリストのロバート・マニングは不正を働く家令や召し使いたちについて次のように書いている。

……あれこれと大きな悪事を
働く者どもは、悪巧みもろとも
地獄に落ちろ、頭から足の先まで。

ヘンリー三世の家令のポインツ・パイパーという騎士は、地位を利用し、「合法、非合法の手段を用いて」財を成したといわれている。マシュー・パリスによれば、もともと土地を数ヘクタールほどしか保有していなかったが、「伯爵並みの富裕者」になったという。ポインツはテディントンにある荘園に大邸宅、礼拝堂、そして鉛板葺き屋根の立派な石造りの建物を建て、果樹園とウサギの飼育場を設けたが、やがて「すべて肉なるもののたどる道」を歩み、あとに残された奥方は「勇敢で顔立ちの美しい騎士」と再婚して、この騎士が故人の残した荘園をすべて継いだ、とパリスは一二五一年に満足げに記している。

パンの貯蔵室、食糧貯蔵室、酒蔵、厨房にはそれぞれ専門の係がいた。分配担当者、献酌係、果物の係、食肉処理人、パン焼き人、醸造係、テーブルクロスの担当者、薄焼き菓子を作る係、ろうそくを作る係、ソース係、家禽係などで、それぞれに少年の助手が仕えていた。礼拝堂付き司祭に仕える金庫係は金銭や食器類——銀製の杯、皿、スプーンなど——を納めた櫃《ひつ》を管理し、衣裳部屋係は仕立屋を監督して領主の衣服や召し使いたちのお仕着せを作らせた。洗濯女の仕事は衣服、シーツ類、テーブルクロス、タオルなどをきれいにすることだった（が、ボゴ・ド・クレアの洗濯女は主人の髪の毛も洗ったらしい）。

厩舎長の配下の馬丁《ばてい》、鍛冶屋、荷馬車係、事務係は、家財の運搬、市場やロンドンの商人から買い入れた物品の配送、ふすま、オートムギ、まぐさなどウマの飼料や蹄鉄《ていてつ》、釘などの調達にあたった。荷車、荷袋、梱包用の箱などの必要品を購入し、馬丁に賃金を支払い、ウマや荷物の状態を点検するのは厩舎長と事務係の仕事だった。年を取って役に立たなくなったウマは貧しい人々に与えて処分した。荷車の鉄の付属品を取り替えたり、車軸に油をさしたり、引き具を新しくしたりするなどの修理の仕事もあった。

あちらこちらに所領地を持つ大領主に欠かせないのが専任の伝令である。伝令は手紙だけでなく、領収書や物品なども運んだが、身分や賃金は馬丁より高く、騎士の従者や兵士より低いとされ、賃金のほかに衣服と靴の支給を毎年受けた。伝令がひどい労務災害に遭遇することもあった。マシュー・パリスは一二五〇年、ウェールズの領主ウォルター・ド・クリフォードが「国王を侮辱した」罪に問われたと記録している。「国王の伝令を暴力的、かつ不法に扱い、印章が押された国王の書状を無理やり食べさせた」のだ。ウォルターは罰金として一〇〇〇マーク（六六七ポンド）もの大金を科せられた。これよりもあとのことだが、ボゴ・ド・クレアの臣下もカンタベリー大司教が遣わせた使者に対して同様の仕打ちにおよんでいる。使者はロンドンのボゴの屋敷に、司教に仕えるようとの令状を携えてやってきたのだが、ボゴの家中の者は「抵抗する使者に手紙を印章もろとも食べるよう強要した上、使者を幽閉し、殴り、虐待した」のだった。使者にけがをさせれば二〇ポンド、教会や国王を侮辱すれば一〇〇〇ポンドの罰金が科せられることになっていたが、ボゴはうまく立ち回り、結局支払いを免れた。

　礼拝堂付き司祭の担当部署（大領主の家では秘書部と呼ばれた）も、領主の家中に欠くことのできない存在だった。ミサを司《し》式《しき》するだけでなく、領主の印章を保管し、領主の公式文書や私的な手紙をラテン語やフランス語でしたためる。司祭の助手の役目はミサ用祭具や式服を管理したり、領主一家が旅行するときに移動祭壇を運んだりすることだ。移動祭壇は木製のテーブルで、たいがいは中央の石造りの部分に聖人の遺品が納められていた。帳簿の記人を手伝い、こまごまとした用事をこなし、買い物をするのも司祭の助手である。

貧者に施しを分配する慈善係も司祭の部署の重要なメンバーで、食卓の残り物が召し使いや馬丁たちにくすねられることなく、きちんと貧者に与えられるように監督した。十三世紀の手引書は国王の慈善係について次のように強調している。

慈善係は、病者、ハンセン病患者、囚人、貧者、寡婦、助けを必要としている者、田畑をうろつく放浪者たちの世話にあたり、不用になったウマや衣服を施し物として与え、金銭あるいは物品が寄付された場合はこれらを受け取って公平に分配する義務を負っている。国王陛下から寛大な施しを賜るようにも努めなければならない。とりわけ聖人の祝日には熱心に献言し、国王陛下が高価な外套を役者、おべっか使い、へつらい者、うわさを広める者、吟遊詩人どもにご下賜なさることなく、貧者への施しをいや増してくださるよう嘆願すべきである。

エレアノール・オブ・モンフォールの一二六五年の家計簿によれば、慈善係ジョン・スコットは、貧者に残飯を施し、ときには食事を振る舞うほかに、平均すると日に四ペンスを施しに使うことができた。高貴な人たちがみなこのように気前がよかったわけではない。豊かな知行地を貪欲に漁ったボゴ・ド・クレアはけちで有名だった。一二八五年、ボゴが開いた宴会では、食事と飲み物に八ポンド六シリングを費やし、ほかに一人の菓子職人（ついでに言えば、この職人は王家に仕えていた）に六シリング八ペンス、もう一人に四シリング、ハープ奏者に五シリングが支払われている。そして、この日の支出リストは「当日の施し、一ペニー」と締めくくられていた。

領主の家中には、ほかにも一家のそば近く仕える供の者たちがいた。奥方の話し相手を務める侍女（奥方に比べていくらか身分は低いものの、召し使いではない）、それに小間使いや理髪師である。理髪師は外科医、放血師、歯科医、医師としても働いた。

大勢の家来たちは城から城へ領主と一緒に移動した。家財を運搬するのに使われたのは主に荷馬である。分解した領主のベッド、シーツ、絨毯、毛皮、マットレスを一頭に、衣裳類、壜類はそれぞれ別の一頭に、台所用具、ろうそく、移動祭壇や祭具などは何頭もの荷馬に分けて積み、ワインや布地や武具などの最も重い荷物は二輪の荷車や、機動性こそ劣るものの収容能力の大きい四輪の荷馬車に積み込んだ。荷馬車は木材でできていて、同じく木製の車輪には滑り止めの鋲がついた鉄の輪がねがはめられていた。窓ガラスを運ぶこともあった。領主や奥方、子どもたちや客人たちを運ぶのは軍馬や婦人用の小型乗用馬で、刺繡がしてあったり、金箔を貼ったりした見事な鞍が使われた。マシュー・パリスは一二五〇年、グロースター伯リチャードの一行がフランスへ旅したときの様子を記録に残している。「そろいの新しい装備を整えた四〇人の騎士が、金色に輝く新しい馬具をつけた立派な馬に乗り、あとには荷馬車五台、荷馬五〇頭が続いた」

十三世紀も後半には、貴婦人たちは馬の代わりに屋根付きの二輪馬車に乗って旅行するようになったが、この二輪馬車はばねがないため、荷車に比べて技術的な大進歩とはいえなかった。振動を和らげる簡単な装置のついた二輪馬車が登場するのは十四世紀の末まで待たなければならない。乗り心地の悪さを優雅に飾り立てて埋め合わせをするかのように、十三世紀の二輪馬車は、色美しく、金箔が貼られ、あでやかな色の皮革や高価な毛織物の覆いで飾られていた。

旅行は領主や奥方にとっては厄介なものだったが、さらにつらい思いをしたのは家来たちである。旅の途中で日が暮れると、唯一最良の宿は領主一家と高官たちに占領されてしまう。ヘンリー二世に仕えたピーター・オブ・ブロアは、国王のお供でさえ旅はつらいものだったと記している。王に随行した人々は野営地で暗闇の中を歩き回り、運よく「みすぼらしく薄汚れた小屋」でも見つかれば、剣を抜いて奪い合いにおよぶこともあったという。

主だった常勤の召し使いたちは領主と奥方につき従って旅をしたが、地元で雇われた臨時の下働き――馬丁、狩猟係、厨房の走り使い、タカ部屋や犬舎の世話係たち――はいったん暇を出され、領主が戻ると再び召し抱えられるのだった。これは領主たちにとって、悩みの種のろくでもない召し使いたちを解雇する絶好の機会となった。ロバート・グローステスト司教は、召し使いたちの振る舞いから一時も目を離してはいけませんとリンカン伯夫人に注意を促した上で、門番、案内係、厩舎係が客人に対して礼儀正しく振る舞っているか、お仕着せを着た騎士や従者が「古びた上着、汚らしい外套、みすぼらしい上衣を着るようなことなく」、身だしなみをきちんと整えているか、気を配るように忠告している。召し使いたちの上には絶えず監視の目が光り、一日でも休みの帰宅を許されるのはまれであった。司教は次のような言葉で締めくくっている。「その者が忠実で、控えめで、骨身惜しまず働き、正直で礼儀正しいと十分に納得なさらない限り、何人《なんぴと》も奥さまの召し使いとして家中にとどめるべきではありません」

注

(1) 一エル＝約一・一四メートル。
(2) 一エーカー＝約四〇四六平方メートル。
(3) 穀量に用いる容積単位。一クオーター＝八ブッシェル。約二八八リットル。
(4) 一セクスタリー＝約〇・五リットル。
(5) 一ブッシェル＝約三五リットル。
(6) 一ガロン＝約四リットル。

第六章　城の一日

城の人々は夜明けとともに忙しくなる。屋根裏部屋や地下の貯蔵室で寝ていた召し使いたちは、藁布団から起き出してかまどや暖炉に火を入れ、騎士や兵士は城壁や塔に登って寝ずの番をしていた当番と交代する。大寝室では城主と奥方がカーテンで仕切られたベッドの中で目を覚ます。

裸で寝ていた二人は、起き出す前に亜麻布の下着——殿さまは下穿き、奥方は長い肌着《シュミーズ》——を身につける。水盤の冷たい水で顔を洗ってから服を着るのだが、男性も女性も基本的には同じような衣服に身を包んだようである。まず長袖のチュニックを頭から被り、首のあたりをブローチで留めてから、もう一枚チュニックを重ねる。これはサーコートとも呼ばれる短めの上着で、袖なしのものもあるが、幅広のゆったりとした袖がついていることもあり、毛皮で裏打ちしてあるものが多かった。サーコートの上から羽織るマントは、ほぼ円形に裁《た》った布地に毛皮の裏をつけて作られたもので、これもまた首のあたりをブローチか飾りチェーンで留めるようになっている。殿さまの衣服は奥方のものより短めで、袖がゆったりしている。殿さまも奥方もベルトを腰で結んだり、金属製のバックルで留めたりする。長靴下を履けば殿さまの身支度は完了だ。奥方が履くのは短めの靴下で、膝下のガーターで留める。殿さまも奥方も靴を——家の中では室内履きを、外では短いブーツを——履いた。

上着、マント、靴下、靴——いずれも青や、黄色や、深紅色、それに紫や緑と彩り鮮やかだ。布地は毛織物が多いが、金銀を織り込んだサマイト織や薄絹（タフタ）、ダマスク織（錦織の一種）など上等な絹織物の衣裳もある。ラクダやヤギの毛で織ったキャムレットと呼ばれる高級織物をキプロスから輸入して冬の衣料に用いることもあった。縁取りや裏打ちには、リス、仔ヒツジ、ウサギ、シロエゾイタチ、カワウソ、テン、ビーバー、キツネ、オコジョ、クロテンなどの毛皮が使われた。上着やマントは刺繡が施されていたり、房飾り、羽毛、真珠の飾りがついていたりと豪華なものだ。祝い事のある日には、金糸銀糸を織り交ぜたり、宝石をちりばめたりした見事な帯で装うこともある。屋外でも屋内でも被り物で頭を覆ったのは、男性も女性も同じだ。殿さまは亜麻布の頭巾《ずきん》を被って顎の下で結ぶ。この頭巾にも丁寧な刺繡が施されていたり、羽毛やボタン飾りがついていたりと凝ったものが多い。奥方が被るのは髪の毛と顎のあたりをすっぽり覆う一種のベールで、白か色物の亜麻布でできており、外出するときには、この頭巾やベールの上からフードや縁なし帽を被る。優雅な手袋（内側に毛皮がついていることもある）をはめたり、宝石のはまった金の指輪、ピン、ネックレス、ヘアバンド、靴の留め金、腕輪などのアクセサリーを身につけたりすれば、衣裳は完璧になった。

ブランコ（ボドレアン図書館、MS. Bod. 264m, f. 78v）

髪を結うときには鏡を使う奥方もいたようだ——当時の鏡は磨いた鋼か金属面に貼りつけたガラスを木製や金属製のケースにはめ込んだもので、小さな丸い形をしたものが多く、贅沢品だった。説教師やモラリストたちの渋い顔をよそに、貴婦人たちは化粧をし——ヒツジの脂、紅、白粉《おしろい》で顔をピンクや白に塗り立てた——、脱毛用の練り粉も使ったろうと思われる。

朝のミサが終わると朝食だが、これはパンをワインかエールと一緒に流し込む簡単なものだ。朝のうちは日常の決まりきった仕事をすることが多いが、滞在客がいれば楽しい催しも開かれる。城主は家令や代官や顧問たちと打ち合わせをこなし、奥方は客人をもてなしたり、刺繡や家事をしたりして過ごす。騎士や従者は剣や槍の稽古にはげみ、子どもたちは家庭教師のもとで勉強をする。教えたのは礼拝堂付きの司

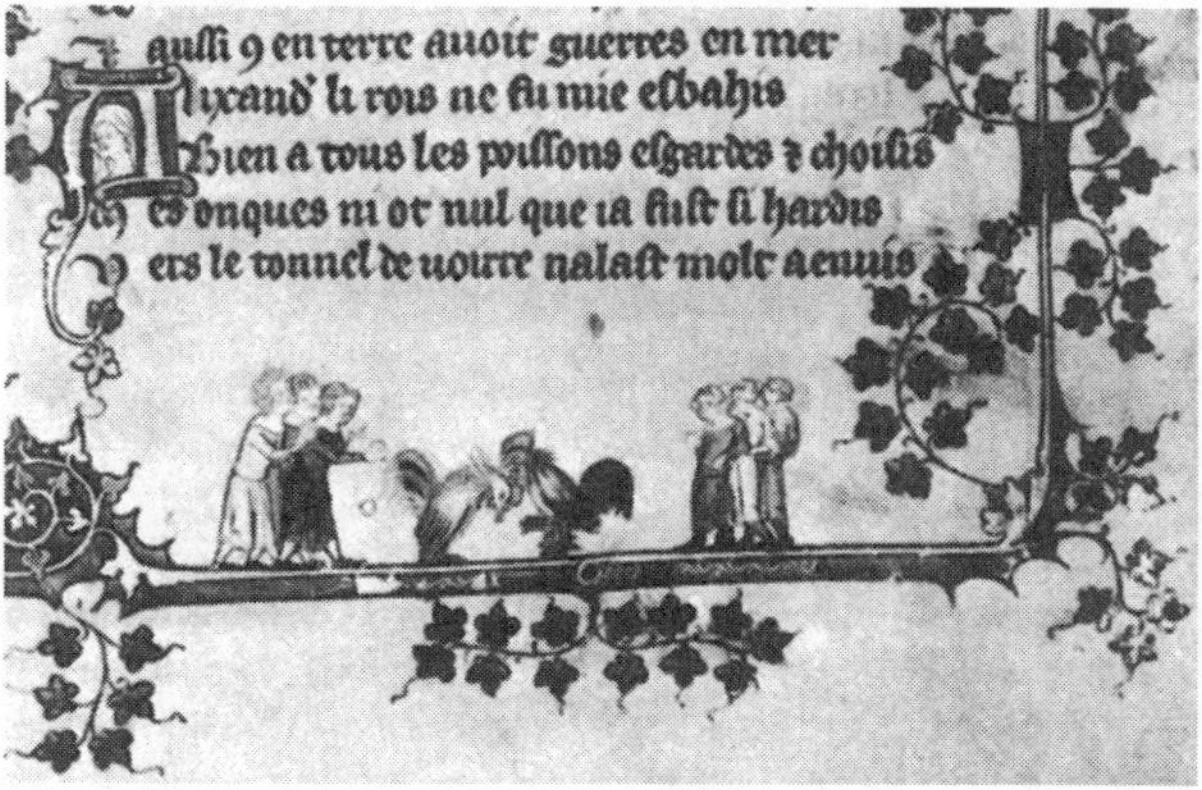

闘鶏（ボドレアン図書館、MS. Bod. 264, f.50)

祭か、司祭の助手である。勉強が終わると自由に遊ぶことが許された——女の子は人形遊び、男の子はこまやボール、馬蹄《ばてい》や弓矢を使って遊んだ。

弓術は年齢を問わず、男の子に人気があった。十二世紀、ウェールズのヘヴァフォード城主の息子と、城で教育を受けるために滞在していた二人の少年が、牢に幽閉されていた無頼漢と仲よくなった。この無頼漢が子どもたちの弓に合わせて矢を作ってやったのだ。ある日のこと、この悪漢が監視の目を盗んで少年たちを捕らえ、人質にして立てこもった。「すぐさま大騒ぎになった」と、年代記編者ジェラルド・オブ・ウェールズはそのときの様子を記している。「中の少年たちも、外の人々も大声を出した。悪漢は斧を振りかざして子どもたちを脅かし、結局は特赦と安全の保障が与えられることになった」

中庭では馬丁《ばてい》が厩舎の掃除をしてウマに餌をやり、鍛冶屋は炉で馬蹄や釘や荷馬車の部品を作る。家事働きの召し使いたちは手洗い鉢や寝室用便器を洗ったり、掃除をすませた床に敷くイグサを運び入れたりする。洗濯女はシーツやテーブルクロス、タオルなどを木灰と苛《か》性《せい》ソーダの溶液が入った木の洗い桶に浸し、叩いてゆすぎ、吊るして乾かす。厨房では料理人と助手たちが串刺しにした肉類——ブタ肉、牛肉、羊肉《ようにく》、家禽、狩りの獲物——をあぶったり、大鍋でシチューやスープを煮たりと忙しい。大鍋を鉤と鎖で吊るして火にかけ、鎖を伸ばしたり縮めたりすれば温度の調節ができた。煮えた肉を鍋から取り出すときには、先のとがった長い鉄製のフォークを使うが、これには木製の柄がついている。スープをかき混ぜるには柄の長い穴あきスプーンを使った。

肉は主として塩漬けにするか燻製《くんせい》にして保存したが、実際に調理に使うまで動物は生かしておくのが最も一般的で、しかも簡単だった。塩漬けにするには、すり鉢とすりこぎで細かくすった塩で漬け床を作り、その中に肉を漬け込むか、濃い塩水に肉を浸しておくかした。塩漬けされた肉は、調理に先立って水に浸して塩出しをしておかなければならなかった。

肉は、火であぶったり、シチューにしたりするほかに、すってペースト状にし、ほかの材料と混ぜて一種のカスタードのようにする調理法も知られていた。たとえば「ブラマンジエ」と呼ばれるのは、鶏肉のペーストにアーモンド・ミルクで煮たコメを混ぜ合わせ、砂糖

串刺しにしたブタをローストする人々　ラトレル詩篇集から(大英博物館、MS. Add. 42130, f.206v)。

を加えてから、とろりとするまで煮込み、揚げたアーモンドとアニスを添えた一品だ。また、「モートリュ」と呼ばれる料理は、魚か肉をすり身にし、パン粉、ブイヨン、たまごを混ぜてから軽く茹でた、団子のようなものだ。肉や魚肉を詰めたパイや、衣をつけて揚げたフリッターもよく食べた。

城の庭からとってきたハーブをすってペースト状にし、ワインやベルジュース（熟しきっていないブドウの汁）、酢、タマネギ、ショウガ、コショウ、サフラン、クローブ、シナモンなどを加えれば、いろいろなソースができた。マスタードは人気の食材で、大量に使われた。

四旬節の期間や断食日には、城の池や近くの川、あるいは海から捕った新鮮な魚が、味の濃いソースとともに食卓に上る。塩漬けや燻製にされたニシンは、同じく塩漬けや干物にされたタラとともになくてはならない保存食品であり、生ニシンはショウガ、コショウ、シナモンで味をつけて、パイにすることもあった。ボラ、ニシンに似た食用魚のシャッド、シタビラメ、カレイ、アカガレイ、エイ、サバ、サケ、マスも、しばしば食卓を飾った。チョウザメ、クジラ、イルカはめったに口にすることができないご馳走だった。とりわけチョウザメとクジラは、王や王妃が食するにふさわしい「王の魚」と呼ばれた。カワカマス、カニ、ザリガニ、カキ、ウナギなども好まれた。一二三〇年、グロースター州長官は王室から次のような命令を受け取っている。

ヤツメウナギを召し上がってからというもの、国王陛下も女王陛下も他のどんな魚にも満足をなさらないようであります。よって長官に命じます。管轄区域内でできるだけ多くのヤツメウナギを購入するか、ほかの手段によって入手し、パンとゼラチンで保存し、陛下が長官のもとに遣わされる王室料理人ジョン・オブ・サンドンを通して、陛下のもとに送られたし。陛下はまだ遠方におられますが、近くにおいでになる頃には、同料理人が新鮮なヤツメウナギを陛下のもとにお届けするでありましょう。

城の人々は、タマネギやニンニクはもちろんだが、エンドウマメなど豆類をよく食べた。貧しい人々にはなくてはならない豆類だが、裕福な人たちはこれをタマネギやサフランで味つけして食べたのである。城や荘園のミツバチから採れるハチミツは甘味料としてよく使われた。果樹園にはリンゴ、ナシ、プラム、モモなどの果物もなったし、森からは野生の果物やナッツ類が採れた。町へ行けば、砂糖（バラやスミレ入りの特別な種類もあった）、コメ、アーモンド、イチジク、デーツ、干しブドウ、オレンジ、ザクロなどの贅沢な輸入食品を市場から手に入れることができた。砂糖を買うときは塊で買い、叩いて細かい粉状にして使うことが多かったが、これは白い粉砂糖が非常に高価だったからである。

食事の時間になると、召し使いたちは架台の上に板を渡してテーブルを作り、テーブルクロスをかけて、その上に鉄製のナイフ、銀製のスプーン、塩を取る皿、銀の杯、そしてメイザー――銀の縁取りをした木製の浅い鉢――を並べる。各人の前にはトレンチャー、あるいはマンチットと呼ばれるパンが置かれる。トレンチャーとは、前日に焼いたパンを厚く切ったもので、皿の代わりにこの上に焼いた肉を載せた。手洗いの時刻を知らせる角笛が鳴れば、もうすぐ食事がはじまる。召し使いたちは水差しと鉢とタオルを持って、客人たちに仕えた。

食卓の席順は身分によって決まる。偉い客人たちが座るのは高座だが、なかでも最上の席は高位聖職者が占め、身分の高い俗人はそのあとに続いた。食前の祈りが捧げられると、食事を運ぶ召し使いたちの行列がはじまる。先導はパンとバターを持ってくるパン係、次に助手を従えた執事がワインやビールを運んでくる。十三世紀のイングランドでは、ワインは主に支配下にあったボルドーから輸入された。当時の人々は若いワインを飲んだ。容器に栓をする効果的な技術がなかったため、一年もたったワインは飲めた代物ではなかったからである。ワインの年代や等級に関心が寄せられることはなく、金持ちの卓上にも粗悪ワインが並ぶことが多かったという。ピーター・オブ・ブロアの手紙には、ヘンリー二世の宮廷で供されたワインについて述べたくだりがある。「ワインは酸っぱく、かび臭く、濁っており、脂っぽく、古く、香りが抜け、タールのような味がした。身分の高い領主たちでさえ、どろどろのワインを供されることがあるのを見ているが、そんなときは誰もが目をつぶり、歯を食いしばり、口を曲げて身震いしながら飲む、というより流し込むのだ」

ワインは樽で買い入れ、水差しに移し替えてデカントするが、執事の手で香料を入れたり甘味をつけたりしたワインが、食事の最終コースに出されることもあった。エールはオオムギ、コムギ、あるいはオートムギから作られたが、主に召し使いが飲んだ。城にはエール作りの女が雇われていて、貯蔵してある穀物を使って醸造がおこなわれた。ピーター・オブ・ブロアによれば、王宮のエールもワインと似たりよったりで、「ひどい味で、見るもぞっとするような代物」だったという。

食卓での給仕はさながら儀式のようだ。テーブルクロスの広げ方、皿用パン《トレンチャー》の切り方、肉の切り分け方など、何をするにも決まりがあったのだ。従者の教育には給仕の作法が含まれていて、料理を出す順番、料理を置く位置、トレンチャーを切って食卓に並べる方法、そして主人が肉を切り分けるときにはどのように手を添えるべきか、などが細かく教え込まれた。

スープやシチューの具を食べるときはスプーンを使い、汁は少しずつ飲み、肉はナイフで切り分け、指でつかんで口に運んだ。皿は一枚を二人で使うが、身分の低い者が目上の者に、若い者が年長者に、あるいは男性が女性に食べ物を勧めたり、パンや肉を分けたり、杯をまわしたりして心配りをするものとされた。

礼儀作法の本には、スプーンを皿に残したままにしないこと、食卓に肘をのせないこと、げっぷをしないこと、口の中のものを呑み込んでから食べ物や飲み物を口に入れること、口の中をいっぱいにしたり、一度にほおばりすぎたりしないことなどの注意が記されている。特に強調されたのは、指や爪を細部まで清潔にしておくこと、使用済みのスプーンやナイフをぬぐうこと、飲む前に口をぬぐうこと、塩皿に肉を浸さないことだが、これは指で食べ、一枚の皿を二人で使ったことを考えれば当たり前といえるだろう。

領主と奥方は客人たちがたっぷりと食べられるようにあれこれと気を配らなければならない。ロバート・グローステスト司教はリンカン伯夫人に対して、食事のときには召し使いたちを賢明に配置するように、また、召し使いたちが整然と出入りし、口論などしないように気をつけなければならないと注意を促している。「とりわけ目を光らせなければならないのは、肉料理が広間に運ばれるまでで……特にあっさりした料理をご自分のお皿に山盛りにしておくようにお命じになり、その中から左右に座る客人の皆さまに丁重に取り分けて差し上げることをお勧めします」。司教は、自分の館では客に肉料理二品とあっさりした料理二品を出すとも述べている。給仕たちが静かにきちんと料理を運ぶように監督するのは家令の務めであった。

城の人々はふだんは朝の一〇時から正午頃までの間に二～三コースの正餐を取った。料理はコースごとに数種類出され、どの料理にも同じ素材が繰り返し使われたが、最後のコースだけは別で、果物やナッツ類、チーズや焼き菓子、それに香辛料入りワインなどが供された。

祝日や婚礼などめでたい日には、途轍もない量の食べ物が胃袋に消えた。ヨークでヘンリー三世の娘がスコットランド王と結婚式を挙げた一二五二年のクリスマスの日には、マシュー・パリスの記録によれば、「牧場のウシ六〇頭がメイン・コースに供され……大司教から贈られたのである。豪華なご馳走を出そうと互いに張り合っていた二人の王の間を、客たちは代わる代わる行ったり来たりして祝宴を楽しんだ」。この宴会での催し物、集まった客の人数やその衣装、供された食物については、「もし、すべてをここに記したなら……その場にいなかった人々の耳には大げさに聞こえるであろうし、そうすれば皮肉な発言が飛び出すことにもなろう」。このような祝宴では、イノシシの頭、シカ肉、クジャク、ハクチョウ、仔ブタ、ツル、チドリ、ヒバリなどの特別料理もあった。

ふだんの日でも、城の人々は食事をしながら音楽やジョーク、それに物語などの余興を楽

楽士たち　左上から時計回りに、箱琴、ハープ、角笛、ヴィエル(大英博物館、MS. Ar. 157, f. 71v)。

しんだから、ハープ奏者や吟遊詩人を抱える城も多かった。ボゴ・ド・クレアはアダムという名のハープ奏者を召し抱え、ときには役者を雇い、少なくとも一度はソールズベリーからウィリアム・ピルクという道化師を招いたと記されている。食後のひとときに歌を披露して楽しませる客人もいた。領主や騎士たちにはトルベールの伝統を受け継いだ詩歌を作る者も多かったのだ。トルベールとは、トルバドゥールの影響を受けて北フランスで活躍した宮廷詩人たちである（ジョングルールと呼ばれる吟遊詩人がトルベールの詩に

(PEDES)
Can par la flor jus - tal vert fuelh E vei lo tems clar
Et aug lo chans d'au-zels pel bruelh Quem a - dos - sal cor
(CAUDA)
e se - re Mais l'au-zel chan-ton a lau - zor, Ieu plus ai
em re - ve,
de joi en mon cor, Dei ben chan-tar, car tug li miei jor-
-nal Son joi e chan que no pens de ren als.

訳詞——青葉萌えいで花開き、明るくさわやかなこの季節、森の中で小鳥のさえずりを耳にすると、私の心は楽しさと喜びで満たされる。得意になってさえずる小鳥たち、私はますますうれしくなって思わず歌を口にする。喜びと歌は私の人生。ほかには何も考えはしない。

旋律をつけたこともあったようだ）。楽士たちは客人の歌にあわせてハープやリュート、ヴィエル（ヴァイオリンの祖先）などで伴奏や前奏を奏でたり、部分的な背景音楽をつけたりした。ヴィエルで弾き語りをし、歌の最後に旋律の一部を繰り返し奏でて余韻を楽しむ歌い手もいたことだろう。フランス語の方言で書かれた歌詞は洗練された形式を取り、いくつかの主題によって分類することができた——暁の歌、つむぎ歌、政治風刺《シルヴェンテス》、追悼、討論、そして愛の歌などである。五月を称える歌もあり、上に紹介するその一例はエレアノール・オブ・アキテーヌの保護を受けたベルナール・ド・ヴェンタドゥールの有名な詩である（記譜法は現代式。中世の楽譜には普通——重唱あるいは多声音楽など、音を正確にあわせる必要があれば別だが——分節の区

Quant je voi y - ver re - tor-ner Lors me vou-droi-e se - jor-ner,
Se je po-oie os - te tro-ver Lar-ge qui ne vou-sist coñ-ter,
Qu'e - ust porc et buef et mou-ton, Mas-larz, faisanz et ve-noi-son, Gras-
-ses ge - li - nes et cha-pons Et bons fro - ma - ges en gla - on.

訳詞――冬が戻ってきたら、宿を探すさ。ただで泊めてくれる気前のいい亭主が見つかればば。そこで豚肉と牛肉とマトンとガチョウ、キジと鹿肉と、それから肥えたメンドリと去勢鳥と、ついでにチーズをバスケットいっぱいご馳走になろうというものさ。

切りがなく、リズムは歌詞で決まった）。

十三世紀の北フランスの詩人、コラン・ミュゼが陽気な放浪者のことを歌った詩もある［上記を参照］。

コーラスによるリフレーンがつく歌も歌われたし、各詩節が別々の構成や旋律を持つ短い物語詩《レイ》が歌われることもあった。

食事が終わって召し使いたちがテーブルを片付けると、人々はもう一度手を洗い、午後の仕事や催し物に向かう。「正餐のあと、貴婦人方と独身者たちは歌いながら輪舞《カロル》を踊った」と、ある祭りの日の様子が『クーシーの城代』に描かれている。輪舞とは、踊り手が互いに手をつなぎ、歌を歌いながら輪になって踊る踊りである。一人が目隠しをして座り、自分を叩いた者を言いあてる目隠し鬼のゲームや、鬼になった人が自分の頭巾《ずきん》で目を隠し、ほかの人をつかまえる頭巾鬼のゲームなど、室内ゲームに

鈴を持つ楽士(大英博物館、MS. Harl, 4951, f.299v)

道化師　手にした道化棒の先には動物の膀胱で作った袋がついている(大英博物館、MS. Add. 42130, f.167)。

興じることもあった。『クーシーの城代』によれば、「食後にはワインやリンゴ、ショウガ入りの飲み物が供された。バックギャモンやチェスをする者もあり、ハヤブサの罠をしかけに行く者もいた」とある。当時、チェスは大いに人気があったが、遊び方には現代のチェスとほぼ同じように駒を進める場合と、もっと簡単にさいころで勝負する場合の二通りがあって、どちらも金を賭けてのゲームとなった。ジョン・オブ・ブラバントのある日の家計簿には、チェスの負け金二シリングが計上されている。さいころ賭博は社会のあらゆる層でおこなわれ、聖職者さえ例外ではなかった。ボゴ・ド・クレア家の家計簿によれば、一二八五年の聖霊降臨祭《ウイットサンデー》にこの家のあるじはさいころ賭博に三シリングも使っている。芝の上で球を転がった。すローンボウリングなどの屋外球技も人気のスポーツだったが、これにも賭けはつきものだった。

楽しみはばか騒ぎになることもあった。マシュー・パリスはヘンリー三世とその異父弟ジェフリー・ド・ルジニャンがほかの貴族たちの一行と果樹園を散歩したときのことを非難がましく書いている。ジェフリーの礼拝堂付き司祭の一人が「王に対して間抜けな道化師のように振る舞い……ばかげたことを言って……みなを笑わせ」、芝や小石や青いリンゴを王たちに投げつけた。おどけが嵩じた末、この司祭は「まるで正気を失ったように、未熟なブドウの汁を人々の目の中に押し込む悪ふざけに及んだ」のだった。

城の夕食は午後も遅くなってからはじまる。ロバート・グローステスト司教が勧める夕食メニューは「あまり量の多くない料理一皿とあっさりした料理、それにチーズ」だった。

就寝の直前に夜食を食べることもあった。ロバート・マニングをはじめとするモラリストたちは「殿さまがお休みになったあとの」真夜中に騎士たちが食べる「遅い夜食」に猜疑《さいぎ》の目を向けて、好色は言うにおよばず、貪欲と浪費の元凶だと断じた。

冒険物語『鳶《とび》』には、夕食後の城の様子が次のように描かれている。殿さまはヒロインの乙女、イリスの部屋に入って暖炉の前でくつろぎ、背中を掻いてもらおうとシャツを脱いで膝枕になる。一方、召し使いたちは炉にかけた果物を煮込んでいる。

曲芸士（大英博物館、MS. Harl. 4951, f. 298v)

一日の終わり（ケンブリッジ、トリニティ・コレッジ。MS. 0.9.34, f. 37r）

城の人々は夜もまだ早い時刻に床につく。城の管理についての手引書によれば、侍従は、殿さまが床につく前に次のような仕事をすることになっていた。

殿の外衣をお脱がせしたあとは、寒くないようにマントを差し出し、暖炉のそばにお連れしてから、靴と靴下をお脱がせする……御髪を梳かし、ベッドの用意を整え、シーツを広げ、枕を置き、殿が寝台にお入りになったらカーテンを引く……。しかるのち、イヌやネコを寝室から追い出し、殿のおそばに手洗い鉢と尿壜があることを確かめ、殿が心地よく御寝なさるよう、行儀よく辞去する。

第七章　狩猟

シカが肥える夏になると、殿さまも召し使いや客人たちも大喜びで日の出とともに森へと繰り出すのだった。猟師《ハンツマン》――これは殿さまの補佐役として正規に召し抱えられた狩りの専門職――がイヌの訓練士と一緒に引き綱をつけた猟犬を従えて獲物を探している間に、殿さまたちは森の中の開けた場所で肉とパンとワインの朝食を広げ、腹ごしらえをする。

猟犬がシカの足跡を見つけると、猟師は獲物の大きさを指で測ったり、あたりの藪や樹木に残された角の引っかき傷、角袋の高さを調べたりして、シカの大きさや年齢の見当をつける。シカの糞でも見つければ、自分の角笛に少し入れ、殿さまのところに持っていく。獲物として追うかどうかを決めるのは殿さまである。猟師がそっと木に登り、シカの姿を確かめることもある。

猟師は猟犬を連れてシカの後ろに回り込み、シカの退路を断つようにイヌたちを配置する。当時よく使われた猟犬には三種類あった。ふだんは引き綱をつけておき、追い詰めた牡のシカに止めを刺すときに使うブラッドハウンド犬、ブラチットと呼ばれた小型の牝の猟犬、そして現代の犬種より大型で、シカを殺すことができるグレイハウンド犬である。

長剣を持ち、グレイハウンド犬を従える狩人（大英博物館、MS. Harl. 1585, f. 45v）

猟師はブラッドハウンド犬を二頭連れて徒歩で進み、獲物のシカを狩人たちのいる方へ追い詰めていく。一方、殿さまは象牙の角笛を高くかかげ、同じ音程の音を続けて吹くが、これはグレイハウンド犬への合図だ。追跡はいったんはじまると、シカを追い詰めるまでやむことはない。最後には逃げられなくなった獲物を狩人の一人が槍で一突きする名誉を与えられることもあるし、何人もが弓矢で仕留めることもある。それから皮をはぎ、肉を分けるのだが、猟犬たちの分け前も皮の上に並べられるのだった。

牡のシカが危険な獲物になることもあったが、それよりもはるかに凶暴だったのは冬の間に狩りがおこなわれるイノシシだ。ずる賢いイノシシは、隠れ場所から出てくる前には必ずあたりを見回し、聞き耳を立て、においを嗅ぐ。危険を察知すれば、人間がどんなに大声を立て、角笛を吹いて脅しても、狭い穴から出てこようとはしない。イノシシ狩りに使われたのはアーラント犬で、これはのちのジャーマン・シェパードに似た強い犬種である。猟犬と狩人たちが追い詰めたとしても、今度は大きな牙が恐ろしい武器となる。「立派な騎士、従者、召し使いたちが、イノシシの牙にかかって命を落とすのを見たことがある」と、ガストン・ド・ラ・フォワは十四世紀の著作『狩りの書』に書いている。また、ヨーク公エドワードによる十五世紀の評論『狩りの達人』には、「イノシシは、まるで刃物で切るように、一突きで人を殺す。膝から胸まで切り裂き、たった一突きで止めを刺したのを見た者もいる」と記されている。年老いたイノシシであれば、じっと立ち止まって角であたりを突くだけだが、若いイノシシは動きがすばやく、不意に襲いかかって致命傷を与えることがあった。
猟師はどこの城でも高給で雇われ、大領主の館には騎士の身分の猟師もいた。ヘンリー一世は狩りの一隊を束ねる猟師を少なくとも四人、日当八ペンスで召し抱えていたが、加えて角笛係四人と勢子《せこ》二〇人、猟師の助手、イヌの訓練士がそれぞれ数人ずつ、それにオオカミ猟のための騎馬部隊と数人の射手が（そのうちの一人は王の弓を運んだ）いたから、狩りはさながら小規模な軍事遠征のようだった。

中世ヨーロッパで最も広く人々の情熱を駆り立てた狩猟といえばタカ狩りである。矢では射止められないほど高く飛ぶ鳥を仕留める唯一の方法がタカ狩りだった。国王も貴族も、領主も荘園の主人も、みな自分のタカを飼っていた。お気に入りのタカを自分の寝室で飼い、手首に止まらせて毎日連れ歩く人もいた。気位が高く、気性が激しく、気むずかしいタカは、神秘的で想像力をかき立てる存在だったようだ。タカ狩りに関する評論や手引き書は数多く生まれているが、そのなかで最も包括的で有名な作品が博学の皇帝フリードリッヒ二世による『鷹狩りの術』だ（以下の記述は主にこの書を参考にしたものである）。

中世のタカ狩りに使われた鳥は大きく二種類に分類される。ひとつはハヤブサの類のシロハヤブサ、ハヤブサ、セイカーハヤブサ、ラナーハヤブサなどだが、これらは水鳥の猟に使われた。小鳥の猟に用いられたコチョウゲンボウもこの仲間だ。もうひとつは、オオタカやハイタカなどタカの仲間で、これらはハヤブサが苦手とする森林地帯での猟に使われた。狩猟用のタカにふさわしいとされたのは牡よりも大きく、より攻撃的な牝だけで、体の小さな牡はターセルと呼ばれ、狩りに使われても牝より劣っているとみなされていた。

城の中庭になくてはならない建物のひとつにタカ部屋がある。これはタカを飼育し、特に換羽期《かんうき》を過ごさせるための禽舎《きんしゃ》で、タカがある程度飛べるだけの広さがあり、窓が少なくともひとつはついていて、出入り口は鷹匠が手首にタカを止まらせて通り抜けられるようにかなり広く開いている。床には砂利や目の粗い砂を敷き詰めておき、これは定期的に新しいものと取り替えた。

タカ部屋の中は薄暗く、鳥の種類に合わせて大小さまざまな止まり木が――天井近くの壁から大きく張り出しているものもあれば、床に近く、鳥の尻尾の羽毛が床すれすれに届くほど低いものもある――設けられている。部屋の外には、木か石塊でできた低い円錐形の台がある。とがった先を下にして鋭い鉄の犬釘で地面に固定されたこの台の上で、タカは「晒された」、つまり外界の風景に慣らされたのであった。

優秀なタカは高価だったが、これは主にその訓練が限りない忍耐と気配りを要したからだ。鳥を手に入れるには、アイアスと呼ばれる巣立ち前の幼い雛を巣から取る方法と、ブランチャーと呼ばれる巣立ち直後の雛を網で捕らえる方法があった。捕獲されたブランチャーは、「伏せ衣《ふせぎぬ》」と呼ばれる袋に入れられる。これはぴったりした亜麻布の袋で、鳥の頭や脚と尻尾を出せるように上下両端が開いている。ジェラルド・オブ・ウェールズはヘンリー二

タカ部屋　中央でハヤブサに水浴びをさせている。右側ではハヤブサが台の上で「晒されて」いる。『鷹狩りの術』より（フランス国立図書館、MS. Fr. 12400, f. 158)。

世がド・クレア家のペンブルック城に滞在したときの出来事を記している。「その地でタカ狩りを楽しんでいた王は」、そそり立つ崖の上にハヤブサが一羽止まっているのを見つけ、そのハヤブサに向けて大きな優良種のタカを放った。ハヤブサの動きは初めのうちこそ鈍かったものの、じきに攻撃に転じて激しくタカに襲いかかり、結局王の鳥は主人の足元で息絶えてしまう。「それからというもの、王は毎年、適当な季節になるとウェールズ南部海岸の崖の上で生まれたハヤブサの雛を取り寄せるようになった。王国全土を見回しても、これほど優れた気高い鳥を産する地はほかになかった」

鷹匠は訓練をはじめる前に、まず鳥の準備を整える。鉤爪のとがった部分を切り取り、たいていの場合は「目縫い」――まぶたを一時的に縫い合わせること――をし、両脚にはそれぞれ足革《あしかわ》と呼ばれる先端に輪のついた革紐を結ぶ。さらに鳥の動きを把握できるように、足に小さい鈴をつける。次に、鳥を大緒《おおお》と呼ばれる長い革紐で止まり木につなぎ、さらに、目縫いしてあるかないかにかかわらず、鳥に頭巾を被せる。この頭巾は革でできていて、鳥の目は覆うがくちばしは出せるように作られている。こうして、目の見えない鳥は、味覚、聴覚、触覚を通して訓練を受けることになる。

訓練の第一段階は、タカが人の手首にのるようにすることだ。まず、タカを一昼夜暗い部屋に置き、餌はやらずに、人の手から手へ優しく持ち運ぶ。二日目になると、鷹匠は同じ言葉で話しかけたり、同じ歌を繰り返し聞かせたりしながら、タカにニワトリの足を食べさせるが、餌を食べている間は優しく撫でてやるのだった。タカの目縫いは、夜の間か暗い部屋の中で徐々に解くのだが、そのときにはタカに顔を見られないように注意する。人間の顔はタカにとって特に不快なものだと考えられていたのだ。さらに、一昼夜かけてタカを抱き運び、撫でながら餌を少量ずつ与え、徐々に光に慣らしていく。タカが新しい状況によく慣れたら、夜明け前に外に連れ出して、まだ暗いうちにタカ部屋に戻した。タカを昼の光に晒すのは、視力が完全に回復してからだった。

こうして訓練の第一段階が完了する。捕獲された鳥は今やある程度おとなしくなり、人に慣れた状態になっている。しかし、敏感で興奮しやすいこの生き物が不安になって自分を傷

鳥を落ち着かせるために、口で水を吹きかける鷹匠たち（フランス国立図書館、MS. Fr. 12400, f. 157）

つけることがないように、注意深く見守らなければならない。タカがいらだって止まり木から飛び立とうとしたり、足革や鈴をつついたり、自分の頭を引っかいたりすると、鷹匠は優しく話しかけ、撫でたり餌をやったり、水を少し振りかけたりして落ち着かせるのだった。鷹匠が自分の口から水を吹きかけることもあった（そんなときは、まず口の中をきちんと清潔にしなければならなかった）。タカが戸外でも安心して主人の手首に止まっているようになると、主人は馬に乗ってタカを連れ歩いた。

そうなると今度は疑似餌を使い、飛び立ったタカが主人のもとに戻ってくるように教え込む次の訓練がはじまる。疑似餌は獲物となる鳥の羽根を肉片と結びつけて作った。体が大きく、気品があり、敏捷で、特に優れているとされたシロハヤブサをツル猟に慣らすには、一対のツルの羽根を革紐で縛り、ツルが羽根を背中に折りたたんでいるように見せかけた疑似餌を使うが、これには長い紐をつけておく。人の手からタカを飛び立たせるこうした訓練では、初めのうちは大緒《おおお》の先に忍縄《おきなわ》と呼ばれる長い細紐をつけて、タカが飛び去ってしまわないようにした。

野外でタカを飛ばすときはこの忍縄を必要なだけ解けばよかった。鷹匠はタカを手にのせて野外に運び、まず頭巾を脱がせ、助手から疑似餌を受け取るが、その間は絶えず餌をやるときのいつもの歌や言葉を繰り返し聞かせるのだった。疑似餌の肉片を食べるタカの足革を鷹匠はしっかりと握りつづける。次に助手は疑似餌を取り上げて別の場所に持っていくが、このときタカが疑似餌を見失わないように気をつける。助手が少し離れた場所に疑似餌を置いて姿を隠すと、鷹匠は忍縄を緩めてタカを放つ。タカが疑似餌の上に舞い降りたら助手は静かに近づいて、いつもの言葉をかけながら肉片を差し出し、タカの前に置く。タカが肉片を摑んでいる間に、助手はタカを抱き上げて疑似餌の上にのせ、足革をしっかり握る。

疑似餌に対してタカがよく反応するようになると、今度は空中で捉える練習がはじまる。助手は合図の声を出しながら疑似餌を空中に放り上げる。それを見たタカがすぐさま手首から飛び立ち、疑似餌めがけて真っすぐに飛ぶようになると、忍縄はいらなくなり、鳥は自由に飛ぶことができるのだった。

狩りの練習がはじまるのはそれからだ。ツル猟用のシロハヤブサの訓練には、まずノウサギを使うことが多かった。というのも、ノウサギ狩りとツル猟では飛翔法が同じだったし、ノウサギは猟犬に追い立てられない限り隠れ場から出ようとしないから、ツル猟の最中にシロハヤブサの気を散らす心配がなかったのだ。ノウサギの生皮に肉片をつけたおとりをハヤブサの前で引きずり回し、鷹匠は騎馬でそれを追いながら、シロハヤブサがおとりに飛びかかろうとする寸前にぐいと放ってやる。こうして、さっと舞い降りて獲物を襲う方法を教え込んだのだ。次に鷹匠は猟犬を訓練に参加させるが、猟犬は生きたウサギを追い回してシロハヤブサに襲わせるのだった。

ウサギの次にはシギとヤマウズラが使われ、これに上達するとシロハヤブサは初めて本物の獲物に取りかかることになる。この段階でも訓練は徐々に進められた。まず、生きたツルを野原で杭につなぎ、背中に肉片を縛りつける。ツルがシロハヤブサを傷つけないように目縫いをし、鉤爪の先をまるくし、くちばしを縛っておいてから、シロハヤブサの頭巾を取り、ツルを見せる。シロハヤブサがツルを殺すと、鷹匠はツルの心臓を取り出し、シロハヤブサに食べさせる。これを何回も繰り返しながら、馬に乗った鷹匠とおとりのツルの距離を徐々に広げると、やがてシロハヤブサは矢を射当てるほど（三〇〇～三五〇メートル）の距離から飛翔をはじめるようになる。また、鷹匠はツルの喉頭を切り、そこに息を吹き入れて、シロハヤブサにツルの鳴き声を覚え込ませた。

大きな鳥の猟をするシロハヤブサの訓練には、猟犬のなかでも主にグレイハウンド犬が使われた。これにはシロハヤブサだけでなくグレイハウンドにも特別な訓練が必要で、グレイハウンドが狩りを途中で放り出してウサギを追いかけたりしないように、よく教え込まなくてはならなかった。グレイハウンドがシロハヤブサの飛翔に合わせて走り、獲物の捕獲を手伝うには強い仲間意識が必要だったから、猟犬とシロハヤブサは一緒に餌を与えられた。

「小川の鷹狩り」と呼ばれる川岸でおこなうカモ猟には、別のやり方があった。タカは鷹匠の頭上をぐるぐる回り、獲物の「飛び立ちを待つ」ように訓練された。猟犬がカモを飛び立たせると、タカは「急降下《ストゥープ》」し、空中で獲物に襲いかかるのだった。

アプーリア各地の城に五〇人を超える鷹匠を抱えていたフリードリッヒ二世は、優れた鷹匠は中肉中背でなければならないと述べている――大柄では敏捷さに、小柄では体力に欠けたのだ。また、鷹匠には忍耐力が最も重要だったが、その上聴覚と視覚が鋭く、不屈の精神と鋭敏な頭脳、それに穏やかな気性をかね備えていなければならなかった。さらに、夜間にタカの鈴を聞きそこなっては困るので、眠りが深い人も適さないとされた。タカの病気やその治療法にもよく通じていなければならなかった――頭痛や風邪の薬、傷に塗る軟膏などは香辛料や酢、ヘビの肉や軟骨を混ぜたもので、人間に処方される薬に負けず劣らず気味の悪いものだったようだ。

狩猟とは単なるスポーツではなかったし、森もまた、単なる娯楽の場ではなかった。シカなどの狩りの獲物は城の食卓に出される肉料理の主要な素材となり、森からは木の実、ベリ

タカと鷹匠たち　『鷹狩りの術』より（フランス国立図書館、MS. Fr. 12400, f. 155v）。

ー類、キノコなど野生の食用植物が採れたのだ。また、森は建築資材の主な供給源であり、あらゆる階層の人々が使う燃料も提供してくれた。一二二八年、フィッツ・オズバーンの大塔を二代目ウィリアム・マーシャルが増改築したとき、ディーンの森からカシの木を一〇本贈ったヘンリー三世は、その後、工事を完成させたギルバート・マーシャルへもカシの木を贈っている。森林地域は莫大な価値のある天然資源だったから、誰もが森を欲しがり、森の防衛に努めたし、また森をめぐる争いも絶えなかった。狩猟を好んだウィリアム征服王はイングランドの森林を自分が使うために保護しようとして、フランスから「森林法」を持ち込んでいる。中世ヨーロッパ大陸の生態系は（十九世紀、北アメリカ大陸が農地拡張によって影響されたように）、土地開墾とヒツジの放牧によって深刻な打撃を受けていた。森林保護の規制を定めたウィリアム王や他のヨーロッパ諸侯は、環境問題に関心があったわけではないにせよ、森林破壊の防止に一役買うことになったのである。

密猟に関しては厳しい禁止令が発布された。『アングロサクソン年代記』は次のように記録している。

ウィリアム王は広大なシカ保護区を定め、これに関する法律を制定した。牡のシカでも牝のシカでも、殺した者は刑罰として目をつぶされることになった。王はシカと同様にイノシシの殺害も禁じた。王は大きなシカに父親のような愛情を注いでいたのである……。金持ちは不満をもらし、貧しい人は歎いたが、王の決意は固く、すべての人に憎まれても意に介さなかった。

ウィリアム王は広範な地域を王領林、あるいは鳥獣保護区として指定したが、そこには森林だけでなく、村や荒れ地も含まれていた。こうした王領林では国王および国王の認可を受けた者以外は何人《なんぴと》も――その地の領主さえも――アカシカ、ダマジカ、ノロジカ、野生イノシシを狩ることはできず、猟犬も弓も持ち込みは禁じられていた。ただし、キツネ、ノウサギ、アナグマ、リス、ヤマネコ、テン、カワウソなどはシカやイノシシにとって有害だと考えられていて、狩りをするためなら「特別狩猟権」が与えられることも多かった。タカ狩りの獲物となる鳥類はシカにとって有害ではなかったが、「特別狩猟権の対象となる鳥獣」とみなされたようである。森の中でイヌを飼う場合は、前脚の爪——左右それぞれ三本ずつ——を「切除《ロウ》」することになっていた。

十二世紀の年代記編者フローレンス・オブ・ウォーセスターはウィリアム征服王の息子であるウィリアム二世（ルーファス）が、ウィンチェスター南部のニュー・フォレストで狩猟中に死亡した事故は、亡き父王が残した厳しい森林法が災いしたものだと書いている。

全能の神がかような形でその御力を示し、報復なさるというのも……不思議なことではない。以前は……この地域に多くの教会が建てられ、神を崇める篤信の住民たちが住んでいた。しかし、父王ウィリアム一世の命令により、住民は立ち退かされ、家々は半ば崩壊状態となり、教会堂は解体されて、この地は野獣の住処《すみか》となってしまった。この不幸な事件が起きたのはそのためであったとは、多くが認めるところである。若いウィリアム二世の兄リシャール王子も、はるか以前に同じ森で命を落とされた。また最近では、王のいとこでノルマンディー伯（公）ロベールの（庶出の）子息リシャール殿が狩猟中に配下の騎士が射た矢がもとで息を引き取られている。ウィリアム二世が倒れられたその地点には以前は教会が建っていたが、前述のように父王の治世下に取り壊されてしまったのである。

オルデリクス・ヴィタリスはウィリアム二世（ルーファス）の死を詳しく記録している。

（その朝――一一〇〇年八月一日）側近と食事を終えたウィリアム王は、ニュー・フォレストに繰り出して狩りをする支度を整えていた。王は上機嫌で、侍従が長靴の紐を結んでいる間もまわりの人々と冗談を交わしていた。武具係が来て王に六本の矢を差し出すと、王は満足げに矢を取り、立派な矢だと誉めた。これから起こることも知らず、王はそのうちの四本を自分用に取り、二本をウォルター・ティレル（ポワの領主、およびパリの北西約二二キロにあるポントワズの城代）に手渡して言った。「最も鋭い矢は、致命傷を与える術を心得ている者にこそ与えられるべきじゃ」……。それから王は急いで立ち上がり、馬を駆って全速力で森へ向かった。王の弟ヘンリー伯がウィリアム・ド・ブレテイ（ウィリアム・フィッツ・オズバーンの息子）や他の貴族とともに王に従った。森の奥に入ると、狩人たちはいつものようにそれぞれ別の方角に散らばった。王はウォルターや他の数人とともに森のとある場所に陣取り、武器を手にして獲物が来るのを待っていた。すると、突然一頭の大きな牡のシカが姿を現し、人々の間を走り抜けた。王は持ち場を離れ、ウォルターは矢を放った。矢はシカの硬い背中をかすめ、脇へそれて、近くにいた王に致命傷を与えた。王はたちどころに地に倒れ、悲しいかな、すぐに息を引き取られた……。従者たちは血にまみれた王の遺体を粗末な布で包み、槍で突き刺されたイノシシを運ぶように、ウィンチェスターの町に移送した。

ウィリアム二世の姪の息子にあたるヘンリー二世も狩りに夢中になった。ジェラルド・オブ・ウェールズは次のように記している。

王は極端に狩りを好まれ、その没頭ぶりは度を過ごしていた。夜明けとともに駿馬にまたがり、一日中疲れることなく林を駆け抜け、森の奥まで分け入り、丘を越え……。王はタカ狩りや狩猟に異常なほど打ち込まれた。ハヤブサが獲物めがけて急降下するときも、あるいは嗅覚鋭く、俊足で賢い猟犬たちが獲物を追いかけるときも、王は夢中になられた。王が狩りと同じように勤行《ごんぎょう》にも熱心であられたらと願わずにいられない。

十三世紀になると、森林法はヨーロッパ大陸よりもイングランドでより厳しく施行されるようになる。大陸では王領林の数が少なく、狩猟規制も緩やかだったのだ。ウィリアム一世の後継者たちは一貫して王領林の拡張を目指したものの、リチャード一世とジョン王は金に困ると広い地域を「通常の土地」にした。つまり、現金を受け取る見返りに、王領林を地元の領主に明け渡したのである。一二一七年、ヘンリー三世の治世の初めの頃、ウィリアム・マーシャルが摂政だったときに、マグナ・カルタの付け足しのような形で「御料林憲章」が認証され、諸侯の要求がさらに認められることになった。この憲章によって森林法が成文化され、王領林の「巡視」をおこなう委員会がヘンリー二世、リチャード王、ジョン王がそれぞれその治世下に付け加えた王領林を再審査し、国王の直轄領内にあるものだけを王領林として留保することにした。ところがその一〇年後、成年に達したヘンリー三世は巡視にあたった騎士たちを召し出して、国王に有利になるように王領林の線引きを修正させてしまう。その後しばらくの間、一三〇〇年になってエドワード一世が再び広範囲の王領林を「通常の土地」に戻さざるを得なくなるまで、王領林の基本的な変更はおこなわれなかった。

御料林憲章によって森林法を施行するための司法機関が設けられた――六週間ごとに開かれる地区審問、重大な違反を取り扱うために召集される森林特別審問、および最終的な司法権を持つ国王の森林巡回裁判である。地区審問は「森の草木《ヴァート》」に対する軽犯罪を扱った。木を切ったり、森を切り開いたりすること、あるいは倒木、木の実、ハチミツを採取し、ウシを放牧し、ブタにドングリやブナの木の実を食べさせることは、すべて軽犯罪とみなされた。森の草木に対するより重大な犯罪や「シカ猟権《ヴェニソン》」――シカを狩る特権――を侵害する犯罪が発生すると、森林管理官による特別審問が召集される。違反者は次の巡回裁判が開かれるまで牢獄に入れられるか、出廷保証をさせられるかするが、どちらになるかは犯罪の軽重によって決まった。証拠品――矢、シカの角、シカの皮、密猟者の猟犬など――はすべて森林管理官のもとに届けられ、裁判官に提出するまで保管された（シカは通常、貧者、病人、ハンセン病患者らに分け与えられた）。特別審問で被告の身柄拘束が決まっても、それは刑罰ではなく、巡回裁判に出頭することの保証だったから、出廷を保証できれば被告は釈放されるのだった。

国王に任ぜられた四人の諸侯と騎士が地方を回り、累積した森林訴訟の審理にあたる森林巡回裁判は七年ごとに開かれた。違反者は牢獄から連れ出され、あるいは州長官の命令で出頭し、森番ら役人たちが証拠品と特別審問の記録を提出して裁きがはじまる。しかし、証拠品をめぐる審問がさらにおこなわれることはなく、特別審問の記録が事実を証明するものとしてそのまま受理されて、被告人には一年と一日の禁固刑が言い渡されるのが一般的だった――この場合もやはり刑罰としてではなく、身代金や罰金の代わりとしての勾留である。罰金は被告人の状態によって決められ、被告人が貧しければ放免されることもあった。裁判を待ちながら長期間にわたって拘禁されていた者は釈放された。「ロージャの勾留期間が長期にわたり、半死半生の状態であるため、これを釈放し、森の外に住むよう命じる判決が下された」。「被告は長い間牢獄にとどまり、財もないため、釈放された」。一方、被告人が出頭しない場合は、法益剝奪の処分を受けた。

三年ごとに一二人の騎士からなる「視察団」が森林の実地検分をおこなった。視察団は、王領林に対する侵害——水車や養魚池の建造、開墾地の拡大、無許可の土地専有、樹木伐採権の侵害など——は何であれ、報告する義務があった。

視察団のほかに森林管理にあたったのは、大きなピラミッド型に組織された役人たちである。その序列の最高位は森林長官《ジャスティス》で、この役につく者はイングランド全土の森林管理を監督した。次に権限を持っていたのは、一ヵ所あるいは数ヵ所の森を管理する林務官《ウォーデン》——監督《スチユワ》官《ード》、代官《ベイリフ》、主任森番《チーフ・フォレスター》などとも呼ばれた——である。林務官の下には「樹木管理官《ヴァーデラー》」と呼ばれる騎士や地主階級の役人がいて、職名が示す樹木の管理だけでなく、ほかにもさまざまな任務を負っていた。また、林務官に任命され、その下で働き、猟場管理人としての仕事もしたのは森番《フォレスター》である。同じく林務官が任命する役人に家畜飼育人《アジスター》がいたが、これは王領地での放牧料を徴収する係で、森ごとに四人ずつ任命されるのが通例であった。王領地内の森や草地では、ある一定の期間に限ってウシやブタの放牧が認められていて、その時期になると家畜飼育人は森に入るブタの頭数を数え、ブタが連れ出されるときに小銭を徴収したのである。一方、王領林地域内に地所を持つ地主は、それぞれ自分たちの管理人を雇っていた。

領主たちのなかには、森林法の適用外の林地を自分用に指定したり、「草木とシカ肉」の許可を国王から与えられたりして、領内に専用の森や猟場を設ける者も多かった。エドワード一世の治世下、チェプストー城の北西にあるグロースターシャーのディーンの森には、私用の猟場が三六ヵ所あったという。その主な所有者は、チェプストー城のロージャ・バイゴッド伯、グロースターのセント・ピーターズ大修道院の院長、ヘレフォード司教、ランカスター伯、ウァーウィック伯、リチャード・タルボット卿ら、地域の大領主たちであった。

国王がある森をいったん臣下に与えてしまえば、その森では森林法が停止され、森林長官や司法機関の権限も猟場の所有者である領主に移譲された。領主の森の管理人はシカ密猟者を拘束することができたが、これは「盗品とともに」見つかった場合、すなわち現行犯逮捕あるいは証拠品を身につけている場合に限られていた。密猟者は領主に罰金を払うまで牢獄に留めおかれることになった。

ある区域に柵や濠をめぐらすこともあり、こうしてできた囲い地は狩猟園《パーク》と呼ばれた。のちに狩猟園の設立には国王の認可が必要になっていくが、ヘンリー三世の時代には王領林への侵害がない限り認可は不要であった。ただし、狩猟園の設立者には国王のシカが入り込まないようにしっかりと囲いをすることが義務づけられた。ところが王領林と個人の狩猟園が隣り合っていると、法の目をくぐって「シカ越え」を設ける狩猟園所有者も出てくる。このシカ越えとは、シカが王領林から狩猟園に入り込むことはできるが、外には出られないような仕掛けの低い柵であった。狩猟園所有者が国王のシカをおびき寄せたいという気を起こさないとも限らなかったから、森林裁判所はしばしばシカ越えの撤去を命じ、王領林付近の狩猟園を「不法妨害物」だと断じることさえあった。

俗人領主だけでなく高位聖職者たちも専用の猟場を持っていた。ジョスリン・オブ・ブレイクロンドによれば、ベリー・セントエドマンズ大修道院のサムソン院長は、「多くの狩猟園を設けて狩りの獲物となる鳥獣で満たし、猟犬を飼い、猟犬係を一人召し抱えていた。名門の人が訪れると、院長は修道士を何人か従えて森の小道に座って談笑し、ときには猟犬の追跡を見て楽しむこともあった。しかし、私は、院長が狩りに参加したのを一度も見たことはない」。もちろん、狩猟に参加する聖職者たちもいた。

森林法は、旅の途中で王領林内を通る伯や領主たちには適用されなかった。森番の立会いの下に、あるいは密猟者でないことを知らせる角笛を吹いてから、旅の一行は一、二頭のシカを狩ることが許されていた。この行為は、「無許可で捕獲されたシカ」の見出しの下に、森林特別審問を記録する巻き物に注意深く記入された。一二四八年のノーザンプトンシャーの巻き物は次のように記されている。

（ヘンリー三世の御代の）第三〇年、クリスマスの二週間前の火曜日、ビューラクスにて、リンカン司教猊下《げいか》に牝のシカ一頭、ノロジカ一頭。同年、聖母マリアの潔めの祝日の宵祭りに、ブリグストック狩猟園にて、ギー・ド・ロシュフォール卿に牝のシカ一頭と二歳の仔ジカ一頭。

国王の許可を得て殺されたシカは「国王陛下ご下賜のシカ」の見出しの下に記録された。

聖ペトロと聖パウロの祝日にあたり、ロッキンガムの森にて、牡のシカ七頭、国王陛下よりレスター伯夫人に賜る……。同じ森で、エマール・ド・ルジニャン殿に牡のシカ一〇頭……。御世の第三二年、聖母マリア被昇天の祝日の頃、ロッキンガムの森にコンウォール伯リチャード卿が入られ、狩猟園の内外で獲物を気の向くままに狩猟……。第三二年、聖ペトロの鎖の祝日の頃、ロッキンガム管轄区域にて、牡のシカ一二頭、国王陛下よりシモン・ド・モンフォール卿に賜る。

森林裁判所の記録には面白いエピソードがたくさん残っている。

ブリッジ城の周辺でのことであるが、牡のシカが一頭、城の裏門から迷い込んだ。番兵たちがシカを捕まえ、城に運んだ。これを聞きおよんだ樹木管理官《ヴァーデラー》が城に赴き、州長官であったトーマス・オブ・アーディントンに、シカをどのように処分したのかを問いただした……。このシカのためにブリッジ地区の住民すべてに出廷保証が義務づけられた。

森林監督官ヒュー・ゴールディンガム卿および巡回森番ロージャ・ティンジウィックは……馬に乗った男と、弓矢を持って男に従う少年に気づいた。男たちがただちに逃げたので、怪しいと見た前述のヒューとロージャは男を呼び止めながら、追いかけた……。藪から出てきた男を捕まえると、男の外衣は血まみれで、裏返しになっていた。どうして血がついているのかと問われると、男は自分が殺したノロジカの血だと答えた……

モーリス・ド・メートの申し立てによると、同人がロバート・パスルウェイ卿とともに二頭のウマを引き、サドバラの町を通りかかったとき、男が三人で袋を運んでいるのを見かけた……。男たちはあとをつけられているのに気がつくと、袋を捨てて逃げていった。モーリス・ド・メートが袋を開けてみると、中には皮をはいだ牝のシカが一頭と、シカがかかった罠が入っていた。

森林法絡みの問題や隣人とのいざこざに巻き込まれたのは俗人の狩猟家たちばかりではなく、聖職者たちも同じである。一二三六年にエレアノール王妃の戴冠式が挙行されたが、カンタベリー大司教から破門を宣告されていたアルンデル伯は参列できなかった。破門の理由は、大司教が伯の森で狩りをしたとき、伯が大司教の猟犬を奪ったからだったという。

一二五四年、イーストンの教区司祭に雇われた密猟者が、ロッキンガム城の境界付近で「獣」を狩ったとして拘禁された。密猟者は誓約の上、いったん釈放されたものの、その後死んでしまったため、狩りに加担したとみられた司祭のロバート・ベーコンと城の門番ギルバートが審問への出頭命令を受けることになる。審問が開かれると、森林役人のジョン・ラヴェット卿は、おそらく被告に買収されていたらしく、くだんの「獣」はシカではなく、ヒツジだったと言明した。こうして被告たちは放免されたのだが、ジョン・ラヴェット卿は自分で書いた記録とは異なる申し立てをしたかどで投獄され、釈放のため一二マークの罰金を支払うことになった。

一二五〇年のある夜、ロッキンガムの森の森番たちは罠を見つけ、近くで木を切る音を聞いた。森番たちは待ち伏せをし、サドバラの礼拝堂付き司祭ロバート・ル・ノーブルが葉のついたカシの枝と斧を手に持っているところを発見する。翌朝おこなわれた司祭の家の捜索では、矢と罠が見つかったが、この罠にはシカの毛の痕跡が残っていた。司祭はすぐに逮捕され、森林裁判所に出頭する保証として、家財と家にあったコムギ、オートムギ、豆、焚き木、皿、牝ウマが差し押さえ処分となった。密猟におよんだ聖職者がもう一人、一二七二年のある日、王領林で終日狩りをしてシカ八頭を殺した一団の仲間として、記録されている。この密猟団は、森の空き地で牡のシカの頭部を切断して長い棒の先に刺し、その口に錘《つむ》を差し込んだのだった。これについて裁判記録の巻き物は「この者どもは、シカの口を太陽に向けて大きく開けた。まことに、国王陛下と森林管理官たちに対する大きな侮辱であった」と記録している。

聖職者の特権を利用して獄から釈放してもらおうと画策する不心得者もいた。一二五五年、ベドフォードの助祭長で、のちに国王の財務府長官となったジョン・オブ・クレイクホールの家臣、ジェルヴェ・オブ・ディーンが密猟をして捕らえられ、ハンティンドンの牢獄に入れられた。すると、ハンティンドンの司教代理が数名の司祭やリンカン司教の家臣を引き連れて、聖書とろうそくをこれ見よがしにかかげながら牢獄にやってきて、ジェルヴェが剃髪《ていはつ》した聖職者であると主張し、森番たちを破門すると脅迫した。司教代理たちはジェルヴェの被り物を取って坊主頭を見せた。森番たちは、ジェルヴェが坊主になったのは当日の朝のことに違いないとにらんだが、結局ジェルヴェを逃がしてしまう。しかし、同じ年にハンティンドンで開かれた森林裁判で、ジョン・オブ・クレイクホールはジェルヴェをかばった罪を問われて一〇マークの罰金刑を言い渡された。ジェルヴェと司教代理の処分はハンティンドンの助祭長に一任された。

森番になるのはたいてい騎士や自由土地保有者層の息子だったが、欲に目がくらんで権力を乱用する者も多かった——木を伐採し、自分の畜牛を放牧し、金銭を横領し、賄賂を取り、刈り入れの時期に「ムギ束、ネコ、穀物、仔ヒツジ、仔ブタ」を強請《ゆす》り取り（御料林憲章で特に禁止された行為）、あるいは自分が保護すべきシカを殺す者さえいたという。王領林で暮らす一般の人々だけでなく、貴族たちも被害に遭った。マシュー・パリスは一二五〇年、王室の役人ジョフリー・ラングレーという騎士がおこなった王領林の検分について批判している。

特にイングランド北部の領主たちから莫大な金を強請り取った。その金額は、誰も信じられないような額であった……。前述のジョフリーは完全武装の随行員を大勢従えていた。金を強要された領主があれこれ言い訳をしようものなら……ジョフリーはただちに連行して国王の牢獄に送り込むよう命ずるのだった……。仔ジカ一頭、ノウサギ一匹、あるいはたまたまはぐれてそのあたりにいるような小動物を断罪の理由にして、ジョフリーは高貴な生まれの者から血も財産も徹底的に搾り取り、没落させることさえあった。

森林地帯に住む村人たちは、森林法の侵犯行為が発生したときは「叫喚追跡」（犯行を見たら叫び声をあげ、犯人追跡に武器を持って繰り出すこと）をすることになっていたのだが、実際には密猟者に同情を覚える人も多かったようだ。森林裁判所の巻き物には、村人たちが「何も知りません」、「誰だかわかりません」、「疑わしい者はおりません」と証言したと、繰り返し記録されている。

　森の役人たちは憎悪の対象だったのだ。一二五一年のノーザンプトンでの審問記録には、次のような会話が記録されている。ある樹木管理官《ヴァーデラー》が森の中で知人に出会った。知人は挨拶もせず、言い放った。「リチャードよ、きみのような仕事をするくらいなら、百姓をするほうがましだ」

森林審問の記録からは、ロビン・フッドの響きが聞こえてくることが多いが、このロビン・フッド伝説が生まれたのはまさに十三世紀だった。一二四六年五月、密猟者が「国王陛下のシカに悪事を働くために、グレイハウンド犬を連れてビーンフィールドの草地にいる」という知らせが、ロッキンガムの森番たちの耳に入った。待ち伏せをした森番たちは、グレイハウンド犬を五頭見つけた。一頭は白、もう一頭は黒、三頭目は灰褐色で、四頭目には黒いぶちがあった。前述のウィリアムとロージャ（森番たち）はこれら猟犬を捕まえたが、五頭目の褐色の犬は逃げてしまった。ウィリアムとロージャはグレイハウンド犬を取り押さえ、森に帰ってなおも見張りを続けていると、ワイドハウの国王陛下の御料地に五人の密猟者を認めた。一人は石弓を持ち、四人は弓矢を手にして、木のそばに立っていた。森番たちは五人に呼びかけ、近づいた。

すると、これら悪人どもは、木の下に立ったまま、向きを変え、森番たちに向けて矢を射かけてきた。矢はブリグストック狩猟園の森番マシューにあたった。ウェールズ人が使うような矢が二本だったが、一本は左胸下部深く、もう一本は左腕に指幅二本分の深さに刺さった。マシューが助かる見込みはまったくなかった。森番たちが前述の悪者どもをなおも追い詰めると、悪漢どもは森の奥深く逃げ込んでしまった。夜の闇が襲ってきたため、森番たちはそれ以上追跡ができなかった。これに関して、後日ビーンフィールドで、林務官ウィリアム・オブ・ノーザンプトンと森番たち……および周辺の四ヵ村、すなわちストーク、カールトン、グレート・オークリーおよびコールビーの村人らが出廷して審問が開かれた。

ストークの村人が出頭し、宣誓の上、森番たちが叫喚追跡し、悪人どもを夜暗くなるまで追ったこと、森番の一人が負傷したことを除けば、何も知らないと言う。グレイハウンド犬が誰のものであるかも知らない。

カールトンの村人が出頭し、宣誓の上、同じことを言う。

コールビーの村人が出頭し、宣誓の上、同じことを言う。

グレート・オークリーの村人が出頭し、宣誓の上、男四人と褐色のグレイハウンド犬を一頭見たと言う。男の一人は石弓を持ち、三人は弓と矢を持っていた。村人は男たちに呼びかけ、森番と一緒に夜になるまで追跡した。暗くもなり、森が深かったため、男たちがどうなったかは分からない……。

マシューに傷を負わせた矢は、樹木管理官のロバート・バセット卿とジョン・ラヴェットに提出された。

グレイハウンド犬は当時の森林長官ロバート・パセルウェイ卿のもとに送られた。

マシューはこの傷がもとで命を落とした。その後開かれた審問では、マシューの兄弟とほかの二人の森番が、同じグレイハウンド犬を四月に見かけていたことが明らかになった。それはパイプウエル大修道院の院長邸で食事をしたときのことで、イヌはサイモン・オブ・キヴェルズヴォージーなる人物の所有だという。そこで、この人物はただちにノーザンプトンに移送され、投獄された。一方、サイモンとグレイハウンド犬をかくまったと見られたパイプウエルの院長は裁判官の前で釈明することになった。この事件は一二五五年になってからようやくノーザンプトンの森林巡回裁判所で審理されたのだが、そこでサイモンは自分がグレイハウンド犬を「あそこに連れていったのは確かだが、それは別の日で、事件当日ではない」ことを証明し、半マークの罰金を支払ったあとに釈放された。結局、真犯人はわからなかった。

第八章　村人たち

農夫ピアーズ(1)は言った、「聖ペトロにかけて申します。
私は街道沿いに半エーカーほど耕さねばならない土地があるのですが
その半エーカーを耕して、そのあと、種まきをしたならば
あなた方のお供をして、道案内をいたしましょう……
大地が荒れない限り、私は人々のために食物を作って差し上げましょう、
肉もパンも、金持ちにも貧しい人にも、私の命のある限り、
天にいます主の愛に誓って。どのような人であろうと、
食べたり飲んだりして生きる人は、食べ物を作ってくれる人が
よく働けるように手助けしなければなりません……」

もしも……鋤《すき》を使うピアーズが……
全世界の皇帝であったなら、すべての人はキリスト教徒になるでしょう。

政治的、戦略的理由から町の中に建てられた城も多かったが、城の経済的基盤となっていたのは農村である。中世ヨーロッパ農村地域の社会・経済を基本的に支えたのは村と荘園《マナー》だが、城はこの村と荘園とに密接に結びついていたのだ。村とはそれぞれ独自の絆や権利や義務で結ばれた人々が住んでいた共同体であり、荘園とは領主が保有し、小作人が耕した土地である。小作人は領主に地代を払い、領主のために奉仕をおこなう義務を負っていた。そして、小作人と領主との間のさまざまな取り決めについて決定権を持っていたのは領主の荘園裁判所であった。荘園がそのままひとつの村になっていることもあれば、荘園内にいくつもの村が集まっていることも、あるいはまたひとつの村の中に複数の荘園が含まれることもあった。

城の生活を支えていたのは荘園である。この「荘園《マナー》」という言葉はウィリアム征服王とともにイングランドへと渡ってきたのだが、その仕組みは数世紀もの歴史を持ち、貨幣の流通が一般的でなかったヨーロッパ大陸で、騎士とその郎党の生計を支える手段として用いられたものだった。

チェプストー城のような大きな城は数多くの荘園を有していた。何人かの領主たちの荘園が広い地域のあちらこちらに互いに複雑に入り組んで散らばっていることも多かったようだ。荘園の人々がどのように暮らし、土地を耕していたかは地域によってさまざまだ。北ヨーロッパ平野地帯の大部分――イングランドでは北海から南西部のミドランド地方を通ってイギリス海峡にいたる内陸部一帯――では、大きくひらけた土地に畑が広がり、所々に木立や村人の家並みが点在していた。ここは「広々とした野原《シャンペイン》」の地なのだ。これと対照的なのがブルターニュやノルマンディー、およびイングランド西部、北西部、南東部の「森林地帯《ウッドランド》」で、そこでは畑が生垣や溝で区分されて小さくまとまり、農家の小さな集落が散らばっていた。

平野地帯の村々は人口数百人程度と、規模は大きかった。村を取り巻く畑地は三〜四区画に分けられていて、それぞれの区画に村人たちの耕作地があり、昔ながらの輪作の方法に従って耕されていた。村人たちの耕作地と領主直轄の耕作地とが互いに隣接し、入り組んでいることもあった。土地は長男が相続するのが一般的で、次三男や姉妹は未婚のうちは跡継ぎの手伝いとして実家にとどまることができた。概して弟たちは町に出て出世の道を求めるか、あるいは雇われ兵になることが多かった。

一方、森林地帯では農家はそれぞれがばらばらに農地を持っていた。土地は息子たち全員が相続したから、兄弟たちは農地をともに保有し、一緒に耕作しながら、大きな家にそれぞれの家族と住むか、あるいは互いに隣接した家々に一塊になって住んだ。当時の小作人たちは互いに協力しながら領主に対する労働奉仕の義務を果たしたのだが、こうした相続の仕組みの下では義務の分担が難しくなってしまう。そのため、森林地帯の小作人たちはやがて労働奉仕の代わりに貨幣地代を払うようになっていく。一方、平野地帯では労働による奉仕の慣わしが長く続いた。

平野地帯の典型的な村では農家や農舎がこちらに一軒、あちらに一棟と散らばっていた。昔からの道沿いにできた村もあれば、ただ自然発生的に集落として発達した村もある。家と家、畑地と畑地、村と村を結ぶ小道は何世紀もの間に踏み固められ、広い道になっていった。村に立派な領主館が建っていることもある。この館は城の大広間を小さくしたような建物で、場合によっては倉庫、裁判所、牢獄、要塞などとしても使われた。領主館とともに目立つ建物といえば教会である。畑で働く人々にとって教会の鐘は警報でもあり、ミサの時刻の合図でもあった。また、教会の庭は人々が集まって噂話やダンスやゲームに興じ、祭りや市場を開く場にもなったのである。

石材が豊富な地域は別として、家はたいてい泥壁づくりであった。つまり、木材で骨組みを作り、カシやヤナギの細枝を編み合わせた下壁に、切り藁やウシの毛や糞を混ぜた粘土を塗り込んだのである。イングランドで最もよく使われた木材はカシ材だ。枝をはらった幹や大枝を削って「クラック」と呼ばれる湾曲した骨組みを作り、これを屋根や壁の支えとして梁で補強した家もあった。屋根には藁を葺いた。家を建てるのは簡単だったが、移動するのも、壊すのもまた簡単で、どろぼうが家の壁に穴をあけたというのもよくある話であった。一部屋だけという粗末な小屋も多かったが、家が広くても家族はみな一緒に中央の大部屋で食事をし、そこで寝るのだった。城の大広間の役割を果たしたこの大部屋には真ん中に炉があり、屋根には排煙口が設けられていて、土を踏み固めた床はイグサで覆われていた。主人の個室がある家、祖父母までが個室を持っていた家、あるいははしごと揚げ戸を使って出入りができるようにした屋根裏部屋に何人かが寝る家など、さまざまな暮らしがあった。農家の一角、家族と同じ屋根の下にウシを飼うというのはごく一般的だったが、その一方で台所は別の棟か、差し掛け屋根の下になっていた家が多い。

小作人の財産といえば、ベンチや腰掛けが三〜四台、架台式テーブル、櫃《ひつ》、鉄製あるいは真鍮の鍋一個か二個、陶器など数点、木鉢、カップ、スプーン、亜麻布の手ぬぐい、毛織の毛布、鉄製農具などであり、これに最も大切な家畜が加わった。かなり裕福な村人ともなれば、ニワトリ、ガチョウ、背のとがった半野生のブタ、ウシ一頭か二頭、あるいはヒツジ数四、そして鋤《すき》を引かせるための二頭のウシなどを持っていた。

家の外は狭い庭で、ここではよくニワトリが餌をつつき回っていた。庭には別棟がいくつかあり、その裏手は小農園になっていて、家のあるじが自由に作物を植えることができた(建物や庭のあるこうした敷地はトフト、メスウィッジなどと呼ばれた)。

通説には反するが、十三世紀の村人たちは自給自足農業だけをしていたわけではない。村人は作物を作って自分たちの食糧や領主への支払いに充てたが、ときには市場に出して現金収入を得ることもあったのだ。イングランドではコムギが換金作物で、貨幣地代や税の支払いに充てられた。一方、オオムギ、オートムギ、ライムギは主に自家用に栽培された。穀物はパンだけでなくエールの材料にもなり、豆類はたいていスープになった。農家の庭ではタマネギ、キャベツ、ネギなどの野菜も作られていたようだ。主要作物の種まきは年に二回——コムギとライムギは秋に、オオムギ、ソラマメ、オートムギ、エンドウマメ、インゲンマメなどは春の初めに——おこなわれ、刈り入れは八〜九月であった。

当時の農業技術は後世の基準に当てはめればたいしたものではなく、創意工夫も見られず、科学的知識も欠けていたとはいえ、まったく進歩がなかったわけではない。十三世紀の農民が土壌を回復し、改善するためにしたことは主に三通りあった。休閑地を設けること（土地を一年間休ませること）、畑にマール（炭酸石灰を含む泥灰土）を肥料としてまくこと、そしてヒツジやウシの糞を肥料に使うことである。ただし、マールはなかなか手に入らなかったし、飼料が乏しかったため飼育できる家畜の数は——したがって肥料の量も——限られていた。家畜の飼料として使えるのは、「湿地牧野」と呼ばれる共有の未耕地に生える草か畑の刈り株しかなかったのだ。特に家畜のために牧草やカブなどの飼料作物を栽培するメリットは、まだ理解されていなかったのである。飼料が十分になかったから保有するすべての家畜を冬の間も飼うことはできず、秋には何頭かを屠殺しなければならなかった。結果として、春肥が足りないことになった。クローバーやアルファルファを土壌肥料として利用する技術も、当時はまだ知られていなかった。

刈り入れ　ラトレル詩篇集から（大英博物館、MS. Add. 42130, f. 172v）。

そういうわけで、畑地の生産力を回復する主な手段は土地を休ませることだったから、村人たちは伝統的な二圃《にほ》式、あるいはより新しい三圃《さんぽ》式農法で輪作をおこなった。三圃式農法では農地を三分し、第一の区画にコムギやライムギなどの秋にまく作物を、第二の区画に、オートムギ、エンドウマメ、インゲンマメ、オオムギ、ソラマメなど春にまく作物を作付けし、第三の区画は一年間休ませる。次の年には、コムギやライムギがとれた区画にオートムギ、オオムギ、豆類を、前の年に休ませた区画にはコムギやライムギを植え、春作物を植えた畑を休ませた。村人は各自がばらばらにではなく、みな同じ種類の作物をそれぞれ自分の畑に植えて、この三圃式農法をおこなった。

　古い二圃式農業も広くおこなわれていた。この方式では一部の畑地を休閑地とし、別の区画の半分に冬作物のコムギとライムギを植え、残りの半分に春作物を植えた。翌年には耕作した畑を休ませ、休閑した区画に冬作物と春作物を、作付け場所を交替させながら植えたのである。

農夫ピアーズに代表される農民は中世庶民の典型である。農夫が使ったのは鉄具で補強した重い鋤だが、滑らかに動くようにこれに車輪を取りつけることもあった。農夫は土を鋭い鋤先で掘り起こし、鋤の刃でほぐし、木製の鋤板で鋤き返した。中世には農夫は畑の片側からもう一方の側へ何回も行ったり来たりして、細く長い「畝《うね》と畝間」を作りながら耕したのだが、この「畝と畝間」式耕作のおかげで北ヨーロッパの湿った土壌でも水はけがよくなり、たまった水で作物が台無しになるのを防ぐことができたのである。畝間にはエンドウマメやインゲンマメを植え、畝には穀類を植えた。イングランドでは長い間耕作されず放牧地になってしまった野原に、昔の畝と畝間の跡を今でも見ることができる。

農夫がウシに鋤を引かせるときに、何頭のウシを使ったかは学者たちの興味をかき立てる謎である。荘園記録には八頭という数字がたびたび出てくるが、当時の絵には決まって二頭か四頭が描かれており、こちらのほうが信憑性は高いようだ。鋤を使うときは二人一組になった。農夫が鋤の柄を握り、手伝いの仲間がウシの左側を歩き、大声で命令しながらムチや棒でウシを追うのだった。鋤の後ろから男や女が続き、鋤棒で土塊を砕いたり、植え付けどきには種まきをしたりした。

ときとして、本来ならば休ませる畑に植え付けをしたり、荒れ地を開墾したりして耕作地を広げることもあった。こうした重要な決定は村人全員の同意がなければおこなわれず、新しい耕作地は平等に分配された。

実に、平等こそ村の大原則であった。ただし、これはふたつの基本的な社会階級——一家を養うに足る土地を保有する比較的裕福な小作農の階級と、小屋住み小農《コッター》の階級——の枠組みの中での平等である。暮らし向きのよい人たちは、たいてい「一ヤードランド」または「半ヤードランド」ほどの土地（約六〜一二ヘクタール。イングランド北部の方言では二オクスギャンズ、一オクスギャンとも呼ばれた）を保有していた。この土地に加えて、村の牧草地の一区画を八〇アールほど耕すことができたが、この区画の割り当ては毎年くじ引きでおこなわれるのだった。一方、小屋住み小農が保有するのはせいぜい二ヘクタールほどで、耕すにはウシを近所から借りなければならず、場合によっては仕方なく「掘り起こす《デルヴ》」、つまり鋤を使わずにシャベルで耕すことにさえなった。村の小作地の少なくとも半分が小屋住み小農たちに属したというのが、平均的な村の姿であった。わずかな畑では家族を養えない小屋住み小農たちは雇われ仕事で収入を補ったが、領主直轄地の耕作がこうした雇われ労働者に全面的に任されていた所もある。

村人たちの間には、経済的地位だけでなく個人の身分による区別もあった。つまり、自由民であるか、不自由民であるかで身分が違ったのだ。ヤードランド保有者であろうと小屋住み小農であろうと、村人たちの大半は農奴《ヴィレン》（イングランドでは「サーフ」という言葉はめったに使われなかった）と呼ばれる不自由民であった。農奴は領主に対して労働奉仕の義務を負っていたが、この義務は「週間の労働」と呼ばれ、年間を通して一週間に二〜三日は領主のために働くという重い労役であった。農奴はほかにも多くの制約を受けていた——農奴は国王の裁判所に訴え出る権利を持たず、荘園裁判所で領主の意向に沿って裁かれた。また、領主の許可なく小作地を離れたり、家畜を売ったりすることもできず、娘の結婚に際しては領主に一定額を支払う義務があり、父親から小作地を相続する場合は「相続上納金」を支払った上に「上納物」を納めなければならなかった。たいていの場合、故人の残した家畜のなかで最も上等なものが、この上納物として納められたのだが、なんといっても最もつらい義務は労働提供だった。機械化とはほど遠いこの時代には、たとえ一時間の労働でさえ貴重だったのである。農奴たちは、領主の畑を耕し、草を刈り、作物を刈り入れ、穀物の刈り束を作り、運び、脱穀し、選別し、領主のヒツジを洗い、毛を刈った。十三世紀にはこうした賦役が金納化されるようになるが、金納であれ、労働提供であれ、いずれにせよ農奴の働きの半分は最終的には領主の利益となったのである。

地代や農奴の労働奉仕は荘園の貢租簿に記録された。小作人が耕すべき面積、鋤を引くウシの数、領主のウマや農具、あるいは穀物倉の種子が使われたかどうかなどを克明に記したものが残っている。また、村人たちは特別地代を支払って、さまざまな特権を領主から与えられていた。たとえば、村人が領主の森から柴をもらえば、クリスマスにメンドリ（「ウッドヘン」と呼ばれた）をプレゼントし、領主の畑を耕せば、領主直轄地の一部で家畜の放牧をすることができた。領主は年間を通して緊急時にはいつでもすべての小作人――自由民も不自由民も――に呼びかけ、各自の畑を捨てておいて、耕作、草刈り、収穫など領主の仕事をするよう命令することができた。「ブーンズ」あるいは「ビーンズ」と呼ばれたこうした臨時の仕事をする習慣は、最も長く続いた労働奉仕の形である。こうした労働のお返しに領主は食べ物や飲み物を振る舞ったり、金銭を支払ったりした（食べたり飲んだりさせた上に金銭の支払いをすることもときにはあったようだ）が、このお返しの種類によって臨時の奉仕にはそれぞれ名がつけられた――「エールビドリープ」や「ウォータービドリープ」（エールや水が供される）、「ハンガービドリープ」（村人たちは食物を持参しなければならない）、「ドライビドリープ」（エールは出ない）などである。たいてい領主は肉や魚、マメのスープ、パンやチーズなどのお返しの食べ物をふんだんに振る舞うのであった。臨時の労働奉仕は、理屈の上では領主に対する好意の表れで――「愛の労働《ラブブーンズ》」とも呼ばれた――、隣人に手を貸すようなものだとみなされていたのだ。たとえば、納屋の新築を手伝ってくれた近所の人をもてなしたり、町の寄り合いに参加したりするのと同じことだというわけだった。実際、労働のあとではいろいろな催しが開かれたから、こうした集まりは親睦の場にもなったのだ。人々は草刈りのあと、それぞれ鎌で持ち上げられるだけの干草の束をもらったり、畑に放ったヒツジを追いかけて、捕らえられればローストにしたりするゲームを楽しみにしていた。

各村には少なくとも数人の自由民がいた。自由民のなかには労働奉仕の義務を負わずに土地を保有し、貨幣地代の支払いと裁判所への出廷だけを義務づけられた小作人たちもいたが、大部分は粉屋、鍛冶屋、大工、織物工、なめし工、靴屋といった熟練職人たちであった。職人たちのなかで最も裕福で、最も嫌われたのは粉屋である。粉屋は領主に免許料を支払い、厳密な独占事業であった粉挽き所の運営権を手にしていたのだ。村人は穀物を粉挽き所に運び、穀物の一六分の一～二四分の一にあたる「使用料」を粉屋に支払わなければならなかった。穀物を計るのは粉屋だったから、当然不正計測の疑惑がかけられることになる。さらに、良質の穀物を粗悪なものと取り替えるという非難にも晒された。中世のジョークにこんなものがある。「世の中で一番勇気のあるものは何？」答えは「粉屋のシャツ。毎日盗人の首根っこを押さえているから」。自分の家でこっそり手回しの挽き具を使う村人もいたが、これは差し押さえなど処罰の対象となる行為であった。

鍛冶屋は領主の森から採れる炭を使ったり、保有する土地を領主の耕作具で耕作してもらったりする特権を与えられていて、そのお返しに領主のウマに蹄鉄《ていてつ》を打ち、草刈り鎌やヒツジの毛を刈るハサミを研いだ。やはり特権に与《あずか》っていた大工は、鋤や荷車や馬鍬の修理や、家の建築、家具の修繕などの仕事をした。

住んでいる小屋とそのまわりの小庭のほかは何も持たず、村で最も貧しかった小屋住み小農たちのなかにも、自由民の身分の者がいた。小屋住み小農が不自由民であれば、課せられる奉仕の義務は、暮らし向きのよい農奴よりも軽いものだった――畑の耕作というより、肥やしをやったり、壁や藁葺き屋根を修繕したり、溝を掘ったりという「雑仕事」が多かったのである。

自由と土地のどちらかを選べるとしたら、当時の村人なら誰しも土地を選んだであろう。事実、土地こそが真の自由を意味したのだ。

村の人口の大分部を占める農奴にとって、理屈の上では領主が絶対的権力者だった。領主は農奴の地代や奉仕の義務を勝手に増やしたり、所有物を差し押さえたりすることができるとされていた。しかし、実際のところは、昔から積み重ねられた慣習が法律と同じような効力を持っていて、領主の法的立場を制限していた。それに、小作人の奉仕がなければ領主の暮らしが立ちゆかないという現実もあったから、小作人たちが逃げ出したり、反抗を企てたりするほど締めつける領主はまれにしかいなかった。小作人は奉仕の義務を怠らない限り、小作地を維持し、跡継ぎに譲ることができたのだ。森や荒れ地も厳密には領主の所有物ではあったにしろ、小作人は慣習によって決められた範囲内で開拓することができたのである。

領主と小作人が直接顔を合わせることはめったになかった。荘園の管理は家令や代官に任されていたからだ。とはいえ、小作人と領主の関係は互恵的、現実的であり、その上、永続的なものだった。農奴は土地にしばられてはいたが、同時に、その小作地を奪ってはならないという慣習によって守られてもいたのだ。罰金を払い、不在の間も年ごとの地代さえ払えば、農奴は自由に荘園から出ていくことができた。ただし、いったん去れば小作地を失うことになった。

村の共同体は周期的に「バイロウ」と呼ばれる集会を開いていた。この「バイロウ」とは集会で決まる条例だけでなく、集会そのものを指した言葉である。こうした村の集会では、習慣として決まっていることを除いてあらゆる事柄が取り決められた。たとえば、牧夫の選任、牧草地や刈り入れ、囲いの修繕、水路の掃除についての問題にはじまり、落穂拾いに誰を雇うか、収穫はいつ、どのようにするか、刈り入れ後の畑にどのような順番で家畜を入れるか、などが決められた。村人は誰でも意見を述べることができ、決定は投票ではなく、合意によって成立した。それぞれが意見を表明し、話し合いの中からおおよその合意が形になると、それが全員の意見となったのである。根強い反対意見は許されず、頑固者や反抗的な者は罰金を払わされることになりかねなかった。

一二九三年のオクスフォードシャー荘園の条例には次のようなものがある。「秋の期間、収穫作業をおこなえる者に落穂拾いをさせてはならない」。つまり、大鎌を使って刈り入れができる屈強な男は落穂拾い――刈り入れの仕事がすんだあとの畑で穀物を集めること――をしてはならないということだ。落穂拾いは年を取った人や女性向けの仕事だったのだ。また「畑では何人《なんぴと》にも刈り束を与えてはならない」という条例もあった。刈り入れ作業をした人への報酬は刈り束で支払われたのだが、畑でこの報酬を渡してはならず、畑の保有者が働いてくれた人の家まで届けなければならなかった。盗みを防ぐためである。また、別の条例には「何人も、日没以降、荷車を引いて畑に入り、穀物を運んではならない……。畑に入る者は村の入り口を通らなければならない……。すべて穀物は……畑で集められ、運ぶときは村の中央をみなにわかるように通らなければならない。隠れて裏道を通ってはならない」とある。こうすれば、収穫期の間、村人たちは往来する人すべてを監視することができたのである。

一三二九年の条例は次のように定めている。「落穂拾いの場、あるいは他の場所で、心得違いの振る舞いをする者は、よそ者であれ地元住民であれ、村に泊めてはならない……。また、穀物が植えられている畑、あるいは刈り取られたばかりの畑の中には何人もウマをつないではならない。損害を生じる危険があるからである。また、いかなる場合にも、歩いたり、車を引いたり、あるいは穀物を運んだりして、他人の穀物の上を通り、隣人に損害を与えてはならない」。それぞれの小作地が複雑に入り組んでいたため、道路や通り道の使用については、厳格な規則が必要だったのだ。

また、十四世紀初期の別の条例には「ヒツジはより大きな家畜より先に入れてはならない」とある――つまり、収穫後の畑に残った刈り株はまず鋤《すき》を引く牡ウシに与え、短い草を食《は》むヒツジは後回しにするということだった。

村人たちは領主の小作人ではなく、民主的な共同体の一員として村の集会に参加した。村人たちが合意して決める条例は、領主との関係にまつわるものではなく、村人同士の関わり方についてのものだったからだ。領主は、収穫や牧草地に関して利害をともにする一土地所有者として、条例を守るべき立場にあると考えられていた。荘園裁判所の巻き物が記録する条例の中で、領主に言及するものはわずかしかない。村の諸条例は「共同体」、「領臣一同」、「小作人一同」、「隣人一同」によって制定されたのである。

荘園独特の機関として裁判所があった。イングランドで「ホールモウト」あるいは「ハリモウト」と呼ばれたこの荘園裁判所とは、領主が小作人を裁き、罰金を取り立てた場だったということもできる。荘園裁判所は封建制度における最下位の司法機関であり、主たる私的法廷であった。殺人や他の重罪（これらは国王裁判所が扱った）を別にすれば、荘園裁判所には村人たちに関わるすべての事柄について司法権があった。「ホールモウト」という呼び名は領主の大広間《ホール》に由来するもので、つまり、大広間で開かれる「ムート」（古英語で「集会」）という意味だったが、実際には野外の古木の下や教会の中庭でおこなわれていた例もある。

荘園裁判を取り仕切るのは領主の家令だったが、家令が裁判官の役目をするわけではなかった。家令の存在は裁判所の決定に重みをつけたが、評決そのものは荘園の慣習に従って言い渡されるか、陪審団や出廷義務《スーター》のある者全員によって決められたのである。この出廷義務のある者とは、荘園の農奴や自由土地保有者の一部の人々で、そのなかには先祖代々この義務を負っていた人もいれば、出廷義務を明記した免許状によって土地の保有を許されていた人もいる。義務を怠って出廷しなければ、理由を述べて代理人を出廷させない限り罰金を払わなければならなかった。荘園裁判所の記録はたいてい陪審員の名簿ではじまり、次に出廷しない者が申し立てる欠席理由《イソイン》が記されるのであった。陪審員は普通一二人で、出廷義務のある者のなかから選ばれた。自由民が裁かれるときには、自由民からなる特別陪臣団が構成されたようである。同じメンバーが繰り返し陪審員に選ばれ、ある種の陪審員エリートが生まれた村もある。

荘園裁判所は裁判だけでなく、荘園の運営に伴う種々の機能も果たした。たとえば、荘園管理人の選出や任命、結婚や小作地の相続、あるいは聖職につくことを許可してもらうための支払いなども荘園裁判所でおこなわれた。小作地の相続にあたっては荘園裁判所で儀式が執りおこなわれたが、これは国王や領主が家臣の跡継ぎに封土《ほうど》を与えるときのものとよく似た儀式で、相続人は「杖を握ることによって」小作地の保有《シーズン》を正式に認められた――つまり、主君と家臣の場合と同じように、領主と小作人との法的関係の基礎となる虚構が芝居じみた儀式で強調されたわけである。儀式は領主が土地保有権を取り戻し、相続人にあらためて封ずることを表していたのだが、実際には慣習によって相続は既定事実だったのだ。家令が「杖」を差し出し、相続人が杖の片方を握ると、まるでその権利が家令から相続人へ杖を通して伝わるかのように、保有権が生じるとみなされたのである。

こうした手続きのほかにも、荘園裁判所は収穫、牧草地、垣根の維持などをめぐる取り決め違反や、中傷、不法侵入、境界線、借金、契約などをめぐる村人同士の争いを取り扱った。軽罪には罰金刑が科されるのが常で、金銭や労働提供という形で領主に支払われるのであった。

荘園裁判所に法律専門家の出る幕はなく、申し立ては担当の荘園管理官か提訴人がおこなった。犯罪事件では、疑いをかけられた行為について被告が無実であると全員そろって証言する人を何人か連れてくるようにと、家令が命じることもあった。隣人同士が互いによく知り合っている共同体では、被告が無実だと誓って断言する人が一定の人数だけいれば、被告は自由の身になったのである。

民事事件の手続きは、提訴人の訴えからはじまった。提訴人が裁判所に出頭し、被告がこれこれのことをして自分に損害を与えたと訴え出ても、被告は呼び出しに応じなかったり、動産留保の手続きに手間取ったり、弁解の申し立てなどを何回かおこなって裁判を遅らせることができた。提訴人が業を煮やして訴えを取り下げることもあったが、その場合は罰金を支払わなければならなかった。領主の裁判所に無駄な時間を取らせることは許されないというわけだ。事件が公判に持ち込まれると、まず提訴人が訴えの陳述を伝統的な形式に従っておこない、次に被告が訴えの各項目について一言一句反論するのだが、ここでは一言一句の正確さが重要視された。双方の申し立てが聴取されると、陪審あるいは法廷全体による裁定が申し渡される。裁定は事実と慣習に基づいておこなわれた。すなわち、どちらの側が真実を述べていると信じられるか、荘園の慣行はどのようになっているか、が考慮されたのである。ときには訴えが単に双方のわだかまりの表れにすぎないと判断されることもあった。その場合、家令は当事者双方が話し合いで歩み寄り、和解のための「善意の日《ラブ・デー》」を、荘園裁判が次に開かれる日までに設けるよう命じるのであった。

イングランドでは「十人組制度の検分《ヴュー・オブ・フランクプレッジ》」の法廷が一年に二回開かれていた地域もある。こうした地域では、一二歳以上のすべての男子がフランクプレッジとかタイジングと呼ばれる一〇～一二人の組に組織されていた。それぞれの十人組の代表者はチーフ・プレッジやタイジングマンと呼ばれ、通常は任期一年で選出されていたが、何年も務めることも多かった。十人組はそのメンバーの不正行為に対して組として連帯責任を負った――つまり警察機能を果たす制度であった。不正を働いたメンバーは必ず法廷に出頭させなければならず、そうしなければ十人組全体に罰金が科せられたのである。「十人組制度の検分」として知られた年二回の査察は、元来は国王の役人である州長官がおこなっていたが、のちに荘園領主がその権利を横領して収入源のひとつとする例が増え、荘園裁判所の最も重要な法廷となっていった。大法廷《グレート・コート》と呼ばれたこの法廷は、通常の裁判への出廷を免除されていた自由土地保有者も出廷する義務があり、地域の治安問題のほかに、国王裁判所管轄下の軽犯罪なども取り扱った。

村人たちと城との日常的な関係は古いしきたりで決まっており、領主の代官が束ねる役人たちによって管理されていた。領主直轄地における代官の任務は『家令職』に示されたように幾重にもわたるものだった。代官は荘園——森林、作物、牧草地、牧場——を毎朝見回り、ウシが鋤につながれていることを確かめ、耕作地に泥灰土を入れ、施肥をするよう命じ、脱穀、鋤入れ、鍬《くわ》入れ、種まき、刈り入れ、刈り束作り、羊毛刈りにあたっては人々を監督し、羊毛や羊皮の販売にも目を光らせなければならなかった。また、領主の牡ウシ、牝ウシ、若い牝ウシ、ヒツジを検分し、老いて病弱な家畜を始末し、冬季に維持できないものを売りに出すのも代官の仕事であった。

村人たちにとって代官は地代の集金人であり、労働奉仕義務の強制者であったから、代官に好意を抱く人が少なかったのも不思議ではない。十四世紀のある説教は一人の代官について語っている。この代官は地代の集金に騎馬で村に向かったところ、人間の姿をした悪魔に出会う。悪魔は「どこに行くところか」と聞く。代官は「この先の村まで、主人の用事で」と答える。悪魔がおまえさんは差し出されたものは何でも分捕るつもりかと聞くと、代官はそうだと答え、おまえは誰で何の用かと聞く。悪魔は素性をあかし、代官と同様に何か手に入れるものを探しているところだと答える。ただし、「何でも分捕るってわけじゃない。人間が心の底から喜んで与えてくれるものなら何でもいただくつもりだがね」という悪魔の言

監督のもとでの刈り入れ（大英博物館、MS. 2B. vii, f. 78v）

葉に、代官は「ごもっとも」と答える。二人が村に近づくと、一人の農夫に出会う。農夫はなかなか思いどおりに動かない牡ウシに腹を立て、ウシを悪魔に差し出したので、代官は「ほら、ウシはおまえのものだよ」と言う。悪魔は答える、「いやいや、真心からの贈り物ってわけじゃないからね」。村に入ると、子どもが泣いており、悪魔にくれてやりたいという母親の声が聞こえる。「今度こそおまえのものだよ」と言う代官に、悪魔の答えは「とんでもない。あの女に息子を手放す気は毛頭ないよ」。二人はとうとう村のはずれまでやってくる。そこには、持っていたたった一頭のウシを前日に代官に取り上げられた貧しい寡婦がいて、代官を見ると、両膝をつき、両腕を差し出して、金切り声でわめいた、「おまえなんか、地獄のすべての悪魔にさらわれるがよい！」。とたんに悪魔は大声で「たしかに、この男は俺のものだ。これほどの誠意をもって贈られたのだからね。喜んでいただきますよ」と叫び、代官に飛びつくとまっすぐ地獄へ連れていってしまった。

代官のもとで多くの村人が領主の召し使いとして、あるいは村の役人として働いた。垣根管理人《ヘイワード》――柵や生垣の責任者――は、種まきが終わったあと、畑に動物が入り込まないように垣根（普通は杭や小枝などで作った柵）がきちんとふさがれ、畑が「防御されているか」どうかを確認する役目があった。また、荘園裁判所の役人としても働くことがあったから、領主直轄耕作地を管理し、迷い出た家畜を囲いの中に入れる職権も持っていた。垣根管理人は職務のしるしとして角笛を持ち、ウシがコムギ畑に迷い込んだときなどは角笛を吹いて警報を出した（リトルボーイブルー(2)は垣根管理人だったのだ）。領主の森の管理人《ウッドワード》も仲間の村人に選ばれた役人だった。ヒツジ飼い、ブタ飼い、ウシ飼いなどの役職が決まっていた村もあるが、農家がそれぞれ牧夫を雇うのが一般的だったようだ。ヒツジ飼いや垣根管理人たちは字こそ読めなかったが、労働奉仕の時間や家畜の数、穀物の消費量や支出を正確に記録することができた。棒切れに刻み目をつけておき、のちに村役人《リーヴ》や代官がそれを読んで羊皮紙に記録し直したのである。

村役人は村の最も重要な役職で、小作人たちの互選で決まった――『家令職』によれば「村で最も優れた農夫」が選ばれた。その職務は村や荘園で働く人々すべての活動を監督し、仕事をしない者を荘園裁判所に引っ張り出し、荘園内の建物と備品類の維持や領主の家畜の世話に目を配るなど、荘園経済のあらゆる側面に関わるものであった。村にルーツを持つ村役人は仲間の村人たちの事情によく通じており、この点では家令や代官らのよそ者はまったくかなわなかった。領主に仕えながら村に属し、村人たちと深い結びつきを持っていた村役人の立場は難しいものだったに違いない。村役人は通常の奉仕を免除され、いくばくかの報酬を与えられ、領主の牧草地にウシを放ち、刈り入れの宴で領主のテーブルに座ることが許されていたのだが、たいていの村人はこの役目を嫌がり、罰金を払ってまでできるだけこの職務を避けようとすることが多かった。村が国王の裁判所に代表を送るときには、村役人が四〜五人の「最も優れた村人」からなる代表団を率いるのが常であった。

中世の村の住民は小教区の一員でもあった。小教区は荘園よりも村を単位として成り立っていて、教会堂はたいてい村でただひとつの石造建築物だった。祭壇にはその教会が奉献された聖人の像が置かれている。聖歌隊席への入り口にある十字架の前で、篤信の村人たちは捧げもののろうそくを灯すのだった。

小教区の司祭の暮らしを支えていたのは十分の一税——穀物の刈り束の十分の一、あるいは農作物の十分の一を納める——と祝祭日の献金、それに「グリーブ」と呼ばれる土地からの収入である。「グリーブ」とは教会に属する土地で、小作人が耕すことも、司祭が自分で耕すこともあった。イングランドやヨーロッパの多くの地方では、農奴が死亡すると所有していた「二番目によい家畜」が司祭に上納された。慣習によれば、司祭は収入の三分の一を施しや貧者の世話、教会堂の修繕、礼拝堂付き司祭や下級聖職者の報酬として使うことになっていたのだが、職権の乱用はよくあることだった。教会財産の所有者が大学や宮廷に住む不在地主で、代理を雇って仕事をさせる例も多かったし、所有者である大修道院や女子修道院が司祭代理を任命することもあった。貧しい司祭代理たちの多くは農奴の家の出で、父親が領主に支払いをして聖職につく許しを得た者たちであった。ろくな教育を受けていないこうした下級聖職者たちは、聖堂内でコムギの脱穀をして教会堂を納屋代わりに使ったり、庭でウシを飼ったりしていると批判されることがあった。十三世紀末、カンタベリー大司教のジョン・ペッカムは、小教区の司祭たちに対して少なくとも年に四回は説教をおこなうように命令しなければならなかったほどである。

欠陥はあったにせよ、小教区の教会は村人たちすべての暮らしの重要な一部となっていた。村人たちは教会の鐘の音を聞きながら畑仕事をし、ラテン語の祈りの言葉を理解できなかったとしても、ミサにはきちんと出席した。教会の祝祭は季節の区切りとなったし、出生、結婚、死といった人生の節目には教会の儀式が執りおこなわれたのである。

それぞれの階級の枠内で機会が均等に与えられ、隣人同士が協力して働き、身分と血筋の維持が重視された村の共同体の理念は、何世紀にもわたって保たれた。これとは対照的に、中世の都市生活者が理想とし、職人ギルドが目指した理念——各人がそれぞれの職業に勤しみ、作ったものを売り、極端な金持ちも貧乏人もいない社会——は、ほんの短い期間、しかも不完全な形で実現したにすぎず、やがて商業の発達によって大商人が生まれ、貧富の差がますます開いていくことになる。

村の理念が長く続いたのは、主に貨幣経済の浸透が地方ではゆっくりと進んだからである。成功した都市住民を豊かにしたような新しい事業や産業を起こす場は、荘園制のもとでは生まれにくかったのだ。イングランドで資本家農民が出現し、耕作地が囲い込まれて牧草地となり、小作人が賃金労働者に変わったのは十六世紀になってからだった。そして、歴史家Ｒ・Ｈ・トーニーの言葉によれば、「農奴はいなくなったが、救貧法が制定される」ことになってしまったのである。

注

（1）十四世紀英国の詩人ウィリアム・ラングランド作の頭韻詞『農夫ピアーズの夢』の主人公。

（2）Little Boy Blue, come blow your horn ではじまる英国伝承童謡に出てくる青い上着の男の子。

第九章　騎　士

（ルーアンにある）王の館の奥の間に、家臣や騎士たちの一団に取り囲まれて（ジョフリー・オブ・アンジューが）入ってくると、王は……迎え出で、ジョフリーを抱擁して接吻し、その手を取って席へと導いた……。その日は一日中喜びに満ちた祝いの催しが続き、夜明けになると新たに騎士に叙任される者たちのために慣例に従って沐浴《もくよく》の用意が整えられた……。体を清めたジョフリーが亜麻布の下着をつけ、金色に輝くチュニックと紫色の外衣をまとい、絹の靴下と金色の獅子の飾りがついた靴を履けば、一緒に騎士に叙任される供の者たちも、金色や紫色の衣裳で身支度をするのだった。（ジョフリーが）供の貴族たちを従えて人々の前に姿を現すと、そこへ馬や武具が運び込まれてそれぞれに手渡される。ジョフリーに与えられたのは、鳥よりも速く走る美しいスペイン馬であった。それからジョフリーは胴鎧で身を固めたが、これはどんな槍の一撃にも耐えられるように二重に編んだ鎖帷子《くさりかたびら》である。同じく二重編みで金色の拍車がついた鉄製の深靴を履き、金色の獅子が描かれた盾を首からかけたジョフリーが、次に身につけたのは貴石きらめく兜であったが、これもまたどんな剣でも突き刺したり傷つけたりすることができないように頑丈に作られていた。ジョフリーには次に鉄製の穂先がついたトネリコの槍が手渡され、最後には国王の宝物庫から由緒ある剣が……。こうして新しい騎士の武具が整えられた。騎士道の未来を飾るこの花は、重い武具を身に着けていたにもかかわらず、驚くべき敏捷さで馬上の人となった。もはや、これ以上の言葉は不要であろう。その日は新たに叙任された騎士たちを祝うめでたい日となり、一日中戦いを模したゲームや試合がおこなわれた。祝いの催しは七日間続いた。

年代記編者ジャン・オブ・トゥールによれば、一一二八年、一五歳のジョフリー・オブ・アンジューは、このようにして未来の義父ヘンリー一世によって騎士に叙せられた。十二世紀も後半になると、騎士叙任式には宗教的要素が加わるようになる。新たに騎士に叙せられる若者は、沐浴して体を清めるように魂の穢《けが》れも取り去るために城の礼拝堂で一晩中祈り明かすのだった。夜が明けると司祭がミサを捧げ、ミサが終わると若者は家族や友人と朝食を取り、それからこの日のために特別に仕立てた新しい衣服を身に着ける。ジョフリー・オブ・アンジューの場合は金色と紫色だったが、多くは純白の——白絹のシャツや下着や上着、それにアーミンの毛皮の外衣など——衣服で身を包んだ。

騎士叙任式は野外に高台をしつらえたり、絨毯を敷いたりしておこなわれることが多かった。トランペットが鳴り響き、吟遊詩人たちがにぎやかに音楽を奏でる中で、父親はじめ父

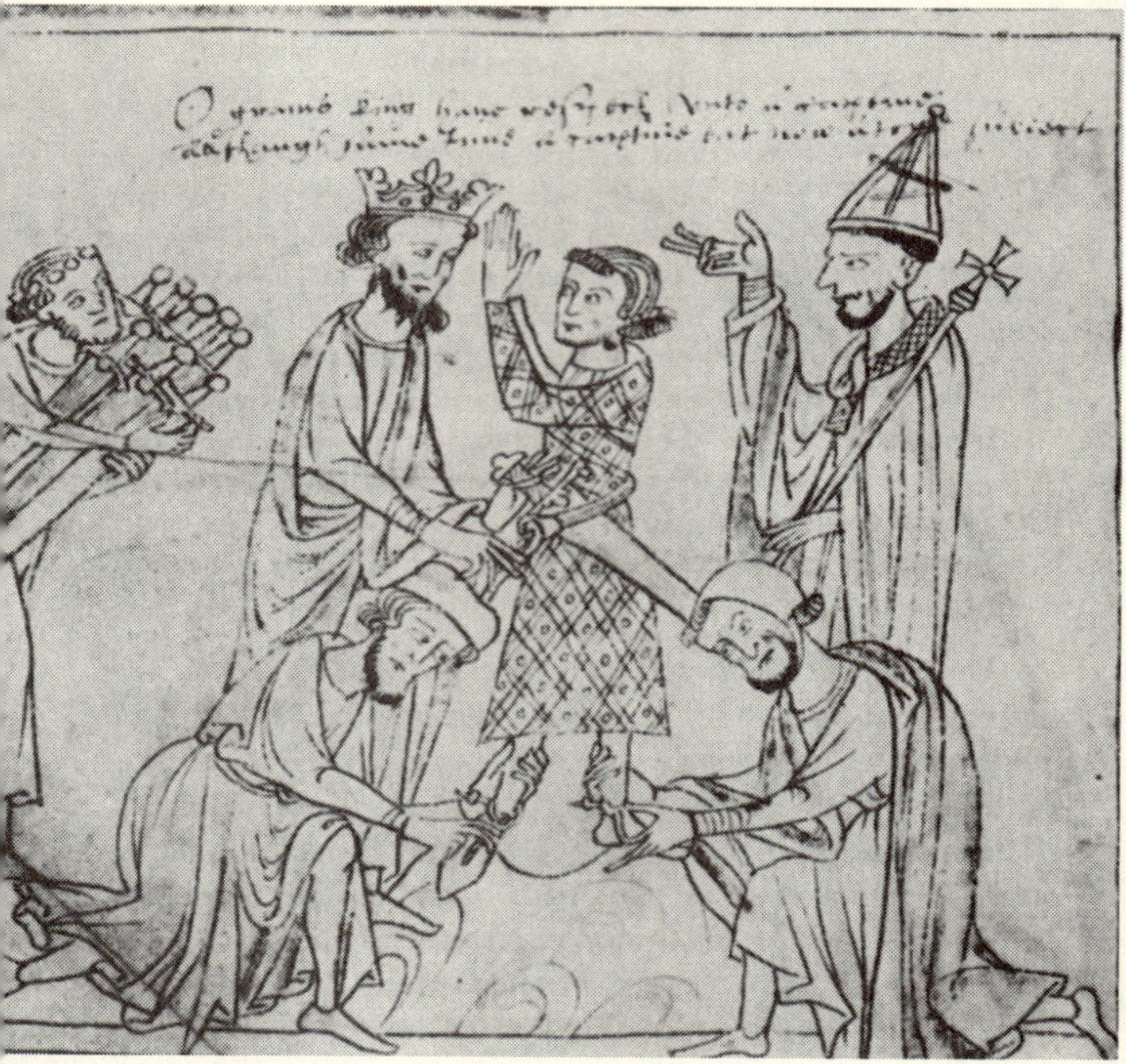

騎士叙任　騎士となる若者に剣が佩かされる（大英博物館）。

親の主君ら他の騎士たちの介添えを受けながら、若者は鎧兜や武具を身につける。前夜に司祭が祝別した剣が運び込まれると、若者は剣の柄に恭《うやうや》しく口づけする。柄の窪みには聖遺物が納められていることもあった。

それからがいよいよ叙任式のクライマックス、「コレー」——拳による一撃——である。これは父親がおこなうのが一般的だった。コレーは形式的な軽い殴打どころか容赦のない強打で、心構えができているはずの若者も、思わずよろめいてしまうことがあったようだ。スペインの著述家ラモン・ルルによれば、コレーの目的は記憶をとどめること、すなわち若い騎士が叙任時の宣誓を忘れないようにするためだった。

「行け、息子よ。真の騎士となり、敵の前で勇気を示せ」。ある騎士物語では父親がこのように呼びかける。別の物語には「神に愛されるように、勇気を持ち、正しくあれ——そして、不正をおこなうことが決してない家柄の出だということを忘れてはならぬ」というのが父親の言葉である。若者は「必ずそのように努めます、神の御助けによって」と答えるのだった。

叙任式を終えたばかりの騎士が教会堂に入り、剣を祭壇の上に置いて、聖なる教会への献身を表す慣わしもあった。

騎士に叙せられた若者は、今や騎士階級の一員となった。父親か父親の主君から贈られた軍馬に馬具がつけられ、騎士のもとに引かれてくる。若者が馬に乗ると槍と盾が手渡され

槍で回転式的を突く騎士（ボドレアン図書館、MS. Bod. 264, f. 82v）

る。騎士はギャロップであたりを一周してから回転式的《クインテイン》を槍で突く。この的は杭の先に取りつけられた人形で、鎖帷子《くさりかたびら》を着て盾で覆われているものだ。的をいくつも並べるなど趣向をこらして新人騎士のテストを厳しくすることもあった。締めくくりの催しとしては、盾と槍を使った模擬試合がおこなわれるのだった。

騎士叙任式は戦場でおこなわれることもあった。ウィリアム・マーシャルは一一六七年、ヘンリー二世とフランス国王ルイ七世との戦いの最中、ノルマンディー公国で代々侍従職にあった従兄で保護者でもあるウィリアム・オブ・タンカーヴィルによって騎士に叙せられた。援軍を率いてエー伯のもとに駆けつけるところだったタンカーヴィルは、配下のノルマン人領主たちをルーアン北東のドランクールへ呼び集めて叙任式を執りおこなったのである。新しいマントを着て立つウィリアム・マーシャルに、侍従の従兄は「剣を佩《は》かせ」、拳で首の付け根を叩くコレーの儀式をおこなった。数年後の一一七三年、同じように戦闘を控えた状況で、ウィリアム・

マーシャルはヘンリー二世の長男ヘンリー若王を騎士に叙した。ヘンリー若王はウィリアムに剣を手渡し、「神とあなたがこの名誉を私に賜りますように」と述べた。若王の従者たちや居並ぶ諸侯や騎士の前で、ウィリアムは若王に「剣を佩かせ」、拳で叩く代わりに若王に接吻した。「こうして」とウィリアムの伝記作者は記す、「ヘンリー若王は騎士となった」。四〇年後、ウィリアムはもう一人王室の一員を騎士に叙すことになる。戴冠式を翌日に控えた九歳のヘンリー三世であった。

もともと騎士《シェヴァリエ》とは、馬に乗って戦う人という意味だった（「シェヴァリエ」に相当するカバレロ、カヴァリエール、リッターなど各国の言葉は、英語の「ナイト」を除いてすべて同じ意味である）が、早い段階から上流階級を暗示する言葉として使われるようになった。財力がなければ馬を持つことができなかったからだ。さらに、十二世紀にテンプル騎士団が創設されたことによって、騎士道は形式化され、キリスト教との結びつきが強まっていく。テンプル騎士ははっきりと目立つそろいの白いマントをまとい、アウグスティノ修道会やベネディクト修道会の会則に則《のっと》った戒律に従う誓いを立てていた。

そういうわけで、騎士は高貴な階級の一員だった。武人であることから社会的に、馬と武具を所有していることから経済的に認められ、さらに宗教色の濃い儀式を経て正式に上流階級に受け入れられたのだった。

騎士が乗る馬（デストリアー、あるいはチャージャーと呼ばれた軍馬）の起源については不明な部分が多い。アラブ種の血を引いていたらしく、体が大きく強靭で、戦闘方法を根本的に変えた衝撃戦法によく耐えることができた。封建制の揺籃地となった北フランスが軍馬の産地として知られるようになったのも偶然ではない。のちのペルシェロン種やベルギー産輓馬《ばんば》（イングランド産のサフォーク種も）は中世の軍馬の血を引いている。

社会が次第に豊かになった十二世紀には武具の向上が大いに進んだ。武装した騎士同士の騎馬戦が増え、さらにイタリアから石弓がもたらされて、武具の改良が必要になったのである。第一次十字軍時代に使われた面覆いのない円錐形の兜に代わって登場したのがつぼ形兜で、これは頭と顔と首全体を覆う形の兜である。古くから使われていた長鎧は小さな鉄片を布に縫いつけたものだったが、これに取って代わったのは小さな鉄の輪を互いに組み合わせた鎖帷子であり、これは重さが一八キログラム以上もするものだった（板金鎧の登場はずっとあとになってからである）。

十二世紀を通して、騎士階級の排他的傾向が強まっていった。農民が騎士になったり剣や槍を持ったりすることを禁じた君主は、神聖ローマ帝国皇帝フリードリッヒ一世（赤髭王）だけではなかったようだ。十三世紀までには、騎士階級は社会の他の階級と明確に区別され、閉ざされた特権階級となっていた。「おお、神よ、優れた戦士がなんたる報いを受けることか、農奴の息子を騎士に叙したばかりに」と、偉勲詩『ジラール・ド・ルシオン』は警告している。そして、詩人のこの言葉こそ、十二世紀当時には農奴が騎士に叙せられること

金床で兜を作る領主の鍛冶屋　助手は目を凝らして剣を点検。かたわらの召し使いたちは別の兜を持ち、鎖帷子をつけた馬を引いて順番を待っている。

が実際にあった証拠といえる。十三世紀になると、これはあまり珍しいことではなくなってしまうが、それは主に商人階級が次第に豊かになったからである。祖父が事業を起こして父親が拡大し、息子が財産を受け継ぐと、地方に地所を獲得し、その地所にゆかりの貴族風の名前を名乗り、大領主を招いて豪勢な催しをしたり賄賂を贈ったりすることができたし、望めば騎士になることもできたのだ。いったん騎士になれば、その子孫は騎士であった。大領主たちはフリードリッヒ赤髭王の命令を無視し、こうした慣行を食い止めるというよりも一定の騎士叙任料を課すことによって制限を加えるという合理的な道を選んだのである。

富裕層だけでなく貧しい層においても、禁止令にかかわらず同じことが起きた。領主に仕える貧しい兵士たちの多くが、武勇によって騎士に叙せられたのである。このように騎士階級は富める者にも貧しい者にも入り口が開かれていたわけだが、それでもなおひとつの排他的な階級でありつづけた。そして、新たにこの階級に仲間入りした人たちは、あらゆる時代の成り上がり者の例にもれず、貴族の先輩たちを見習い、傲慢な態度に磨きをかけたのだった。

戦いの訓練

父親の出自がどうであれ、騎士の息子は長じて騎士になるのが一般的だった。若者が騎士になるための研修をはじめるのは、たいていは父親の主君の家であり、そこで従者や見習いとして厩舎を掃除し、馬を梳《す》き、武具を磨き、食卓で給仕する合間に、馬の乗り方や剣や槍の使い方を学び、回転式的で実習するのだった。ウィリアム・マーシャルは八年間の見習期間を、ウィリアム・オブ・タンカーヴィルの館で過ごしている。

若い見習騎士には騎士道の掟が徹底的に叩き込まれた。騎士道の理想とは十二〜十三世紀にかけてカール大帝やロラン[1]にまつわる伝説をはじめ、のちに生まれたイングランドのアーサー王伝説によって培われたものである。アーサー王についてはは（九世紀フランスのロランと同じく）六世紀ブリテン島に実在した人物だということだけしかわかっていない。その名が広く知られるようになったのは十二世紀になってからだが、これはジョフリー・オブ・モンマスの想像力に富んだ著作『ブリテン王史』によるところが大きい。ジョフリーのこの書を、ジャージー島出身のノルマン詩人ロバート・ワースが読み、アーサー王を主人公にした冒険物語をエレアノール・オブ・アキテーヌのために書いたのである。ワースは物語を面白くするためにアーサー王の宮廷に円卓の騎士たちを登場させた。のちに、エレアノールの娘マリー・ド・シャンパーニュに仕えた詩人クレティアン・ド・トロワは、アーサー王の宮廷をウェールズ南東部モンマスシャーのカーレオンから架空の（または、所在がはっきりしない）キャメロットに移すのだが、ここで物語はアーサー王よりも騎士たち、特にランスロットとパーシヴァルを中心に展開するという重要な変化を遂げることになる。クレティアンはじめイングランドやフランスやドイツの詩人たちは、騎士たちが従うものとされた規範を美化し、名誉、寛容、忠誠、神と教会への献身を強調したのであった。

パーシヴァルはウェールズの田舎から出てきた初心《うぶ》な若者として描かれ、その騎士叙任式で主君は次のような言葉を贈る。

この剣によって、［余は汝に］授けよう、
神が創り、命じ給うた最高の道、
穢れなく保つべき道、
すなわち、騎士の道を。

パーシヴァルに与えられた勧告とは、情けを求める敗北者を寛大に扱い、苦しんでいる乙女や婦人を助け、教会で規則正しく祈り、あまり口数を多くしないように――おそらく、自慢話をする騎士が多かったためだろう――というものだった。

十三世紀の騎士たちの多くは――ウィリアム・マーシャルも例外ではなかったが――詩を書いた。読み書きができなければ、優れた騎士とはみなされなかったのだ。ある物語の主人公は高貴な生まれの騎士で、個人教師からラテン語と天文学を学んだと賞賛されている。この教師は「教え子にどこへでも付き従い、学問の道を教え、食べすぎを戒め、礼儀正しい言葉遣いや作法を教え、身支度を整えるときも、寝るときもそばについていた」。

こうした戒律や規範や教会の訓告があったにもかかわらず、ごく普通の騎士の生き方が騎士道の理想のレベルに達していたとは言い難い。というのも、大方の騎士は馬と武具を除いては、一文なしだったからである。長子相続の仕組みによって、大領主の次三男でさえ封土《ほうど》を持つことはできず、したがって収入の道が閉ざされていたのだ。長子以外の若者たちは、ただ軍人になるための技能と装備だけを身につけて世に出ることになったのである。騎士の通常の仕事は戦争に行くことであり、それもたいていは傭兵としてであった。十二世紀には騎士の雇用がごく一般的な慣行となり、騎士がたとえ封建制の義務として主君に仕えていたとしても、その頭の中にあるのはつねに自分の利益だった。ドランクールで初陣を飾ったあと、ウィリアム・マーシャルがまず学んだのは経済学の実践である。その夜の晩餐の席上で、戦闘で共同指揮官を務めたエセックス伯ウィリアム・オブ・マンダヴィルが、ウィリアムに戦利品の分け前をもらいたいと皮肉交じりに語りかけたのだ。「ちょっとした馬具の革紐とか古い首紐とか……。きみ、今日はウマの四〇頭か六〇頭は、分捕っただろう?」恥じ入ったウィリアムは、その日は戦利品を獲得するどころか、自分のウマも見失ってしまったと白状しなければならなかった。数日後に武芸試合が開かれたが、ウマのないウィリアムは出場さえおぼつかない。ぎりぎりになって個人教師がウマを調達してくれたおかげで三勝したウィリアムは、ウマと武具と装備一式、それに身代金を自分の物にするのを今度は忘れなかった。

その後何年もたってから、若いヘンリー三世の摂政になったウィリアム・マーシャルは、フランス王太子ルイとイングランド諸侯の連合軍をリンカンで破った。ロージャ・オブ・ウエンドーヴァーの年代記『史書の華』によれば、ウィリアムはそのとき、配下の兵士たちに敵の馬や宝物を積んだ荷車を奪えと命じただけではなかったようだ。

全市が徹底的に略奪された。兵たちは市内各所の教会にまで略奪の手を伸ばし、戦斧や槌で櫃や戸棚を打ち破り、金や銀、あらゆる色の布地、婦人の装身具、金の指輪、杯、宝石などを持ち去った。家々は隅から隅まで荒らされ、残されたものは何ひとつなかった。あらゆる物品を奪い取った兵たちは、裕福になって主君のもとに帰っていった。全市にヘンリー王による平和が宣言され、兵たちは祝宴を設け、酒を飲み、浮かれ騒いだ。

プロヴァンスの詩人ベルトラン・ド・ボーンは戦い——その壮観さ、興奮、戦利品——について情熱的な詩を書いている。

……私の目の喜びは
大小の天幕が草地に広がる光景。
そしてまた、さらに大きな喜びは
戦《いくさ》の原に整列し、
戦闘隊形を取る騎士や馬たち。
斥候兵が人々や馬を追い散らしながら
疾走する姿も素晴らしい。

槌矛や剣、色とりどりの兜、
そして盾は、やがて裂け、打ち砕かれる、
いったん合戦がはじまれば。
数多の家臣が重なり倒れ、
死傷者の馬は
あてどなくさ迷い……
実に、これほど面白いものはなく、
美食にも、ブドウ酒にも、眠りにさえ勝る。
「進め！　進め！」という叫び声が、
敵味方から聞こえる。
乗り手を失った軍馬がいななき、
ここかしこからは「助けたまえ、助けたまえ」の声。
城の濠の向こうに広がる草地に
身分の高い者も低い者も打ち倒れ、
ついに息絶える者も。
槍旗付きの折れた槍を、その脇腹に刺したまま。

ベルトランは領主たちの間に紛争の種を撒き散らした人物だった。そのため、ダンテの『神曲』の中では地獄の中でも特別な場所が与えられ、その頭が永遠に体から切断されることになった。ベルトランは「平和に喜びを見出すことがない」主な理由を次のようにはっきりと述べている。

金持ち同士が争うのを
なぜ私が望むのかって?
金持ちどもが、はるかに
気高く、寛容で、優しくなるのは
平和なときよりも、戦いのときだからさ。

さらにこうも書いた。

さあ、面白いことになりそうだ、
領主さま方はわれわれをちやほやするだろう。
味方にしておきたければ
金をくれる。

兵隊は給料のほかに略奪品も手に入る。
トランペットに太鼓に旗に槍旗、
立ち並ぶ白馬や漆黒の馬——
こうしたものが、まもなく目に入るようになる。
それは幸運が訪れる日、
高利貸しの財産がわれわれの手に入る。
荷駄を積んだ牛馬が無事に通行し、
町の住民やフランスへ向かう商人たちが
恐れずに旅をすることは、もはやできない。
それは、勇気に満ちた者が金持ちになる日。

ポワティエ伯に出仕を願い出たとき、ベルトランは次のように自分を売り込んだ。「殿のお役に立つことができます。私はすでに首には盾を、頭には兜をつけて……。とはいうものの、金なくしては、戦場に出ることはできないのです」

ウェールズの年代記編者も戦《いくさ》について熱っぽく語っている。一二二〇年、北ウェールズのルウェリン公はふたつの城を打ち破り、ハヴェフォードの町を焼き払ったのち、「五日間でロウズとデューグレディを征圧し、その地の人々を虐殺し、休戦を結び……満足し大喜びで帰っていった」という。

騎士が富を得る最も確実な方法は、裕福な捕虜の身代金を取ることだった。偉勲詩『ジラール・ド・ルシオン』では、合戦のあとジラールと配下の兵たちが文無しの捕虜たちをいとも簡単に剣にかけ、「城持ち」の命を助けている。重要人物の身代金は天文学的数字に達することもあった――オーストリア公レオポルド五世の捕虜となり、神聖ローマ帝国皇帝ハインリッヒ六世に引き渡されたリチャード獅子心王の身代金は一五万マーク（二十世紀アメリカの貨幣価値に換算すると数百万ドル）であった。この支払いのためイングランドとノルマンディーでは騎士、俗人、聖職者、教会、修道院に特別税が課されたが必要な全額は集まらず、リチャード王は身代金の一部の代わりに人質を差し出してようやく自由の身になったのだった。

フランスでは十三世紀になるとルイ九世によって平和が確立され、騎士が活躍の場を失うことになる。騎士の多くは、テンプル騎士団と聖ヨハネ騎士団というふたつの十字軍騎士団に加わり、東方へ向かった。スペインやポルトガルに向かった者もいた。むろんサラセン人異教徒と戦うためではあったが、必ずしもそういう事態になるとは限らなかったようだ。スペイン騎士道の伝説的英雄エル・シッドさえ、かなりの期間にわたって異教徒の傭兵となり、キリスト教徒諸侯と戦うムーア人サラゴサ王の遠征を率いている。剣を頼りに生きる貧しい騎士たちには雇い主を選ぶ余裕はなかったのだ。『ジラール・ド・ルシオン』は、平和が到来して収入の道を閉ざされ、借金取りに追われる騎士の惨めな姿を鮮やかに描き出している。田舎道をさまよい歩くジラールと妻は、自分たちの零落《れいらく》の原因となった平和によって富を回復した商人たちと出会う。ジラール夫妻は身分を隠し、妻は商人たちに夫が死んだと告げる。「神を称えん！」と商人の一人は言う。「かのお方がなされたのは戦ばかり。おかげで私どもは大変苦労したものでございます」。怒ったジラールは自慢の剣の一突きで商人の喉をかき切ってやりたいと思うのだが、剣はすでに手放してしまっていた。

実入りの少ない平和時に、騎士に残されていた行動と収入の道はただひとつ、武芸試合である。武芸試合は他のもろもろの習慣と同じく元来は異教徒の行事だったが、中世初期に取り入れられてキリスト教色を加えられたもので、十三世紀には独自の規則や形式が整っていた。大領主や貴族たちは楽しみのため、あるいは友人たちを招いて自分の富をひけらかすために武芸試合を催した。主な呼び物となったのは、各地を代表する騎士たちによる模擬戦闘である。領国各地に使者が遣わされ、武芸試合が開かれることを触れ回る。当日になると騎士たちは武具をつけ、騎馬で平らな草地に相対して陣を張る。触れ役の合図とともに、相対する騎士団のぶつかり合いがはじまる。競技場に制限はなかったから、ひとつのグループが敗退しはじめると、もう一方が実戦さながら森や谷まで追い詰め、捕虜を取った。試合終了後、負けた騎士は身代金の交渉をすることになる。たいていはウマと武具の値に相当する金銭が支払われた。ウィリアム・マーシャルは仲間の騎士とともに二年間フランスをめぐり歩いて各地で武芸試合に出場したが、一〇ヵ月の間に一〇三人の騎士を捕虜にして大いに身代金を稼いだこともあったという。

試合ではさまざまな武芸に対してそれぞれ賞が与えられた。あるとき、ウィリアム・マーシャルは並はずれて大きなカワカマスを賞に取った。人々が魚を届けにきたとき、ウィリアムは鍛冶屋にいて、膝をつき、頭を金床《かなとこ》につけて鍛冶屋に兜を脱がせてもらうところだった。槍に突かれて兜が後ろ向きになり、脱げなくなっていたのだった。

個人対個人の騎馬試合は十四世紀後半まではあまり一般的ではなかったようだ。武芸試合は基本的には戦いの訓練であり、集団の乱闘は意図的に実戦を模したものであった。出場者たちの激しい闘争心は、ときに騎士の忠誠心とあいまって、実戦における精神状態にきわめて近いものになったから、重傷を負うのも珍しいことではなかったし、致命傷に倒れる者さえ出たのである。ウィリアム・マーシャルの息子ギルバートがある武芸試合で見事な馬術を披露していたとき、突然馬勒《ばろく》が切れる事故が起きた。ギルバートは鞍から転げ落ち、あぶみに片足をかけたまま競技場の端まで引きずられて致命傷を負う。この事故で試合は大混乱に陥り、ギルバートの郎党が一人殺され、大勢の騎士や従者が重傷を負う始末となった。その一〇年後にロチェスター近郊で開かれた武芸試合では、イングランドの騎士の従者たちが負けたフランスの騎士たちを棒切れやこん棒で執拗に攻撃する騒ぎが起きている。

初めの頃、イングランドの王たちは武芸試合を認めていたが、ヘンリー三世は一貫して反対の姿勢を取るようになる。ウィリアム・マーシャルがヘンリー王の名によってある武芸試合の開催を差し止めたのが一二一七年で、それ以降たびたび禁止令が出されるのだが、効果のほどはきわめて疑わしいものだった。『ダンスタブル年史』を編纂した修道士によれば「馬上試合に出場する者、出場を幇助《ほうじょ》する者、試合会場に商品や食糧を運び込む者はすべて、定期的に日曜日ごとに破門すべきであるとの命令が出された」という。

ギルバート・マーシャルが命を落とした馬上試合は国王から禁止されていたものだった——弟のウォルターが相続を願い出たとき、ヘンリー王はこの事実を指摘した。「そして、ウォルターよ、そちもじゃ。余の意向も禁止令も無視し、余を軽んじて、あの試合会場にいたそちが……いかなる立場で相続を申し出るというのじゃ」。ウォルターは兄のそばを離れるわけにはいかなかったと弁明したが、王の怒りは収まらず、結局ダーラム司教のとりなしでようやく和解することになった。

ヘンリー三世は一二四七年、フランスのポワトゥーにある王領内の騎士とイングランド領内の騎士とが戦うことになっていた馬上試合を二回差し止めている。差し止めの理由は、表向きは騒乱の防止であった（マシュー・パリスによれば、王は「槍が折れたあとは、血まみれの剣が飛び出すことになるかもしれない」と恐れた）。しかし実のところ、王は馬上試合を諸侯による陰謀の口実だとみなしていたのである。実際、試合の模擬戦が諸侯の反乱と密接に結びついていたこともあった。ヘンリー三世が成年に達したあとの一二二九年、諸侯が企てたスタンフォードの反乱が頓挫したとき、関係した諸侯は二代目ウィリアム・マーシャルとともにチェプストー城に向かい、そこで武芸試合を開こうとした。しかし、一同を待ち受けていたのは行政長官ヒューバート・ド・バーグによる試合禁止令状であった。その後の三〇年間に、同様の禁止令が七三回出たと記録されている。武芸試合を開催した騎士が封土の差し押さえを受けることもよくあった。あるときヘンリー三世の異父弟ウィリアム・ド・ヴァレンスは王の禁令を無視して騎士仲間を説得し、武芸試合を開こうとしたが、雪が激しく降ったため結局取りやめることになった。ウィリアムはそれでもあきらめず、しばらくのちに試合を実施し、騎士の一人に重傷を負わせたという。

教会はヘンリー王に同調して武芸試合に反対したが、その理由は戦いが暴力的で、無秩序状態が危険だったからばかりではない。レスリング、ダーツ、長槍投げ、石投げなど無邪気な余興も楽しめる武芸試合は、暴飲暴食とセックスの場だということもよく知られた事実だったのである。辛辣な言葉で知られたパリの説教師ジャック・ド・ヴィートリーは、七つの大罪すべての例証としてしばしば武芸試合を引き合いに出している。だが、教会の戒めはあまり効き目がなかったようだ。ジョスリン・オブ・ブレイクロンドは、ベリー・セントエドマンズ大修道院のサムソン院長が若い騎士たちの武芸試合を禁止した一件を記録している。その院長は町の門に錠をかけてまで、騎士の一団が町の外の野原に出られないようにした。その翌日、聖ペトロと聖パウロの祝日に騎士たちは試合をあきらめたと言い抜け、院長と食事をしにやってきた。食事がすむと、若者たちはワインをさらに注文し、大酒を飲んで歌い騒ぎ、院長の昼寝を台無しにしたあげく、町に繰り出して門を突破し、武芸試合をおこなった。院長はこの一団を破門した。

一二五〇年代になるといくらか穏やかな形の試合が登場する。集団戦の代わりに対戦者同士が切っ先を鈍くした武器を使い、一回戦で勝負を決めるこの形は、（アーサー王の円卓の騎士にちなんで）イングランドでは「円卓会議」と呼ばれ、十四〜十五世紀に盛んになった競技大会の先がけとなった。こうした試合の前には祭りや余興の催しが開かれるのが常であった。しかし、この「円卓会議」でさえ死者を出したことがある。マシュー・パリスは、一二五二年の槍試合でアーノルド・ド・モンティニが命を落とし、殺人が疑われた一件を記録している。試合の相手ロージャ・ド・レンバーンの槍が遺体の喉から引き抜かれると、鉄製の穂先が規定どおりに丸くなっていなかったことが明らかになったのである。さらにロージャは以前にも試合でアーノルドを負傷させたことがあった。マシューは次のような結論を出している。「ことの真相は神のみぞ知る。神こそ人の心の隠れたひだまで探り給う唯一の御方」

一二五六年、ブライズでおこなわれた「円卓会議」に参加した一七歳のエドワード王子は、亜麻布で作った防護具を着け、軽い武器を使った。しかし、最後に試合は集団戦のような大混乱となり、参加者たちがなぐられ、踏みつけられる始末になってしまった。マシュー・パリスによれば、紋章院総裁であるチェプストー城主ロージャ・バイゴッドら多くの貴族は、そのときの傷がもとで「その後健康を回復することはなかった」。エドワード王子は王位を継ぐと、武芸試合や「円卓会議」を禁止するよりも規制する方策を採った。一二六七年にエドワード一世が発令した条例は騒乱防止を目的としたもので、騎士従者の参加人数を制限し、騎士、従者、馬丁、従僕、伝令、見物人たちが持ち込むことができる武器を特定している。エドワード一世主催の試合で負傷者が出たことはなかった。

フランスでは、これよりも早い時期に集団戦に代わる槍試合が登場している。この後代の形の槍試合は、冒険物語の作者たちによって勇壮で華やかな催しとして描かれている。『クーシーの城代』では、触れ役《ヘラルド》たちが朝早くやってきて、城に滞在する多くの客人たちを起こすのだった。

ミサが終わり、貴婦人たちが大天幕の中に入ると試合はただちにはじまった。最初はランブール公とゴーティエ・ド・スールなる最下級の騎士との試合で、二人はあぶみから足をはずすこともなくそれぞれ槍を三本折った……。七番目の試合は最も迫力があり、見て楽しいものだった。一方の騎士は右腕に（崇敬する貴婦人の）袖をまとっていた。騎士が所定の位置につくと、触れ役が「クーシー、クーシー、勇猛さで知られる騎士、クーシーの城代なり」と叫んだ。続いて相手方の二人が出場。ゴーシャ・オブ・シャティヤンとブロワ伯ルイである……。さらに試合が二回おこなわれて夜になった。参集した人々はラ・フェールとヴァンデージュへとそれぞれ別れていった……。次の日も試合があり、勝ち残った騎士が三人になる［まで］続けられた。ほかの者はみな負傷していた……。最初の一撃で、城代は相手の兜を地に叩き落とした。城代の口と鼻から血が流れ落ち……。三回目にぶつかり合った二人の手に武器はもはやなく、二人とも意識を失って地に倒れた。近侍や係官、従者たちが二人を盾の上に横たえ、会場から運び去った……。ありがたいことに、意識を失ったのは一時的で、二人とも死んだわけではなかったと知って、集まったすべての人が神と聖人たちとに感謝を捧げた。

その後、クーシーの殿さまは騎士や貴婦人たちを食事に招き……。オワーズ川から森にいたる野には花々が咲き乱れ、そこには二〇張を超える天幕が張りめぐらされていた。クーシーの殿さまやヴァーマンドワ家の人々が身にまとっていたのは、金のワシの模様がついた緑色のどっしりした絹の衣裳である。男たちは一族の貴婦人たちの手を引いて天幕へと入っていった。エノー家の人々は男性も貴婦人たちも、金地に黒獅子の刺繡をした服に身を包み、歌いながら二人ずつ入ってきた。シャンペノワ家、バーガンディ家、ベリ家の人々も、金のヒョウの飾りがついた真紅の衣裳をそろって身につけていた。

封建制や騎士道にまつわる伝統のなかで最も広く知られているのは紋章学《ヘラルドリー》だが、その発達は武芸試合によるところが大きい。紋章学は、紋章の意匠を熟知していた武芸試合の触れ役《ヘラルド》からその名を与えられたのである。中世の集団戦で、指揮官の目印となる模様や符号を旗や盾につける習慣は、早くも十一世紀に一般化していた。バイユーのタペストリー(2)には、ハロルド王とウィリアム征服王のそれぞれの紋章が描かれている。十二世紀になると、父から子へとひとつの紋章が受け継がれるようになる。ジョフリー・オブ・アンジューは義父のヘンリー一世によって騎士に叙せられたとき、金色の獅子が描かれた盾を授けられたが、この紋章はジョフリーの孫のソールスベリー伯ウィリアム・ロンゲペイによって受け継がれた。チェプストー城主ド・クレア家にも早い時期から紋章があった。一一四〇年、ギルバート・ド・クレアは三重の山形紋を採用したが、これは後代になって軍人の徽章に用いられた意匠とよく似たものだ。ド・クレア家の紋章は領主の盾に描かれ、またおそらくは城主の滞在を示す旗印としてチェプストー城の上に高く掲げられたであろう。十二世紀の末には早くも立体的な兜飾り——イノシシやライオンやタカをかたどったもの——が登場するようになる。

十三世紀になると紋章に描かれる意匠はますます重要な機能を果たすことになる。騎士の上衣《サーコート》にも用いられて「コート・オブ・アームズ」とも呼ばれるようになった。騎士道精神がもてはやされ、社会が豊かになるにつれて意匠は進化し、装飾芸術として発達していく。何よりも重視されたのは、紋章が貴族の目印となったことである。紋章の持ち主は庶民ではないと一目でわかったのだ(ただし、騎士の身分とそれを証明するための紋章を金で手に入れる裕福な町民はますます増えていった）。紋章芸術はやがて学問へと発展し、厳格な規則と専門用語が加わることになる。たとえば、盾の図柄の分割には、「横帯で三等分する」とか「斜め十字帯で四分割する」などといった決まりができたのだ。また、龍などの架空の生物を含め、ライオン、ヒョウ、ワシ、魚といったさまざまな動物や、星、月、木、灌木、花など自然や人工の事物が意匠に用いられるようになり、やがて、あのフランス王の紋章に描かれた「モンジョワ」のような標語が付け加えられる。モンジョワとは『ロランの歌』が記すカール大帝の軍勢の鬨《とき》の声であった。こうした紋章のさまざまな要素——兜飾り、兜、盾、標語など——は、最終的にはまとまったひとつの形式へと統一されていったのである。

十三世紀イングランドの貴族たちは、紋章つきの旗を宿泊先の宿屋の外にかけることがよくあったが、のちにこれは宿屋の目印となった。リチャード二世の紋章の白い牡ジカ、ヘレフォード伯のハクチョウ、イングランドのバラと王冠などがおなじみである。

城の生活と密接に結びついていた騎士道が全盛期を迎えたのは、おそらく十三世紀であろう。しかし、実際のところ、この時代には人々の考え方が次第に成熟し、退廃の兆しがすでに見えはじめていたのであった。第一次十字軍遠征時代に書かれた偉勲詩で、「騎士道にかなった」という言葉が初めて現れる『ロランの歌』からは、素朴なキリスト教的純真さを感じ取ることができる。騎士ロランは、サラセン軍から攻撃を受けていることをカール大帝に角笛で知らせることを断固拒否し、大帝のしんがり部隊を危機に陥れる。援軍を呼ぶのは臆病者のすることだというわけだ。「不名誉よりは死を」がロランの信念であり、その戦略は単純そのものだ。「きみは槍で突け」とロランは親友オリヴィエに言う。「私は皇帝から賜った名刀デュランダルで敵を打ち倒す。私が死ねば、デュランダルを受け継ぐ者が『これは気高い騎士の剣だった』と言うだろう」。デュランダルの柄には他の聖遺物とともに聖母マリアの衣服の切れ端が納められていた。凄惨な戦いでサラセン人は重なり合って倒れ、フランスの騎士も一人、また一人と散っていく。瀕死のロランは死体が散乱する戦場に一人残される。ロランが最期に思い出すのは生涯を捧げた二人の主君、カール大帝と神のことだ。ロランは主君のために手袋を高く掲げながら息絶える。

『ロランの歌』に描かれる騎士道の理想は、十二世紀の詩人たちが発展させ、大いに喧伝したもので、寛容、名誉、栄光の追求を重んじ、困難、疲労、苦痛、死をものともしないことを強調した。

しかし、十三世紀になると、サラセン人に対する聖戦という同じテーマで、趣のまったく異なる作品が生まれるようになる。シャンパーニュの家令職にあったジャン・ド・ジョワンヴィルによる『聖王ルイ伝』は『ロランの歌』とはきわめて対照的だ。ルイ九世が率いた十字軍エジプト遠征は不幸な運命をたどることになるが、率直な散文で記録されたその状況は『ロラン』の場合と大差ない――キリスト教徒のフランス人騎士は勇敢に強敵と戦うが、結局ほぼ全員が戦死することになる。しかし、文章のスタイルには大きな違いがある。ジョワンヴィルが描く騎士たちは、傷や病に苦しむ等身大の人間だ。死は名誉どころか悲惨な事態として描かれている。ロランがカール大帝を敬愛したように、ジョワンヴィルも高徳のルイ王に愛情と尊敬の念をもって仕えるのだが、その考え方はロランとはかなり違ったものだった。聖王ルイはジョワンヴィルに聞く、「重い皮膚病になるか、大罪をいくつか犯すか、そちはどちらを選ぶか」。家令は正直に記す、「それまで陛下に対して一度も嘘をついたことがなかった私は、重い皮膚病になるよりは大罪を三〇回犯す方を選びます、とお答え申し上げた次第である」と。

常識が騎士道の聖域を侵しはじめたのだった。

注

（1）カール大帝伝説集の一二勇士のなかで最強の英雄。

（2）ノルマンディー地方の町バイユーに保存されているタペストリー（壁掛け）。ノルマン人のイングランド征服を七二場面にわたって刺繍で描いている。一一〇〇年頃制作。

第十章　戦時の城

中世の戦いは城を中心に展開した。夏の間のほんの数週間の賦役に駆り出された徴募兵たちは不器用でまとまりがなく、正面きっての合戦には不向きであったが、包囲戦になれば効率的に働かせることができたのだ。包囲戦においてこそ、城はその最も貴重な戦略的価値を存分に発揮できたのである。

中世は、かつて一部の歴史家が描いたように、絶え間なく戦いが続いていた時代ではない。九〜十世紀の土塁と囲い地式《モット・アンド・ベイリー》の城は、ヴァイキングやサラセン人や東欧からの侵入者たちとの争いをはじめ近隣の領主たちとの紛争に巻き込まれることがよくあったが、十一世紀になると侵略者たちの動きは封じられ、私的な戦いも下火になっていった。イングランドではウィリアム征服王が私闘を禁じ、後継の王たちも私闘の押さえ込みに成功したから、当時の戦争といえば、十字軍遠征――これにはスペインのムーア人や異端とされたフランスのアルビ派の掃討を目指した戦いも含まれた――や、リチャード獅子心王、ジョン王、ヘンリー三世ら歴代の王たちがフランスで戦ったような国際戦争、あるいはウェールズ、スコットランド、アイルランドの征服戦争であった。このほかにも、スティーヴン・オブ・ブロアとマティルダ后妃が王位を争ったような内戦や、王権に対する諸侯の反乱もいくたびか起きてはいる。それにもかかわらず、十二〜十三世紀にかけて籠城を経験した城はそれほど多くはない。チェプストー城は中世を通して一人の敵兵もその城門に迎えることがなかったが、これは珍しいとはいえ、決して唯一の例外というわけではなかった。

とはいえ、ひとたび戦《いくさ》が起きれば、戦闘は城を中心に展開することになる。敵城の奪取は、それ自体が主要な政治的・軍事的目標となった。侵略路をふさぐ目的で築かれた城も多かったから、川の合流地点や渡河地点、水路が見下ろせる高台や海岸の入り江、山の峠といった戦略上の要衝にはたいてい城が建っていたのである。町の中に建てられた城の場合は、市街地を敵に占拠されたあとも長い間持ちこたえて、城内に居残った突撃隊が隙を見て反撃し、市街地を奪還するという展開になることもあった。奥地の城でさえ、無視して迂回するのは危険であったが、それはその城の守備隊に補給路を断たれてしまうかもしれなかったからだ。城の守備隊は機動性に優れ——ほぼ決まって馬を駆って動いた——、行動範囲が広く、越境侵略をしたり、攻撃部隊の補給基地に糧秣《りょうまつ》を運んだり、兵站線を確保したり、遠く離れた道路や川の通行を阻止したりと、実にさまざまな戦略的役割を果たしたのである。以上のような理由から、中世の軍事科学は城の攻防をめぐる科学だということができる。

城の主抵抗線となったのは城壁と城壁から突き出た塔である。城壁の前には視界をさえぎるものを一切置かないようにし、濠があればその向こう側もはるか遠くまで見渡せるようにしておいた。立地条件によって進入経路が限られていた城では、特に攻撃を受けやすい側に重層壁や濠や塔などを設けて防衛を強化することができた。チェプストー城では、東の端が矢狭間《やはざま》や落とし格子戸や突き出し狭間のある大手門で守られており、西の端の守りはマーシャル家が作った外塁で固められていた。この外塁は幅約三〇メートル、奥行き約一五メートルの囲い地で、南西の角には頑丈な円筒形の塔が建ち、北西側には防備された城門が設けられていた。外塁と城の西壁の間には跳ね橋のかかった広い空濠があり、西壁の内側にある頑丈な矩形塔《くけいとう》からはこの濠を見下ろすことができた。濠は南の城壁に設けられた小さな裏門まで続いていたが、この裏門を寄せ手が突破したとしても、まわりの塔や城壁から縦射を浴び、窮地に陥ることになるのだった。また、チェプストー城には強力な自然の防衛機能も備わっていた——北側の川と絶壁、町に面した南側の堤の急斜面である。

チェプストー城のような城は直接攻撃が事実上不可能だったし、規模が大きかったから備蓄品をたっぷりと蓄えられるようにさまざまな設備が整っていた。城が一年あるいはそれ以上の籠城に耐えられるほど食糧を大量に蓄えるというのも珍しいことではなかった。実際、守備隊が比較的小規模な場合は、長引く包囲で糧秣不足に陥るのは寄せ手の側だということが、十三世紀の包囲戦ではよく起きたのである。六〇人の守備隊はその一〇倍の敵に攻められても持ちこたえることができた。城内の食糧庫には蓄えが十分あり、さらに敵が接近する前にウシ、ブタ、ニワトリなどが運び込まれていたから、六〇人を養うのは、軍馬に荒らさ

軍用品を運ぶ荷車　兜や長鎧を積み、荷台の横に料理用の鍋をぶら下げている(マチェジョフスキー聖書、ピアポント・モーガン図書館、MS. Lans. 782, f.34v)。

れた村々から六〇〇人分の食糧を調達するよりもはるかにやさしかったのである。

十三世紀も末になると城の兵站業務は非常に複雑になり、必需品の購入はしばしば請負業者を通じておこなわれるようになる。たとえば、一二六六年六月にロチェスター城——ヘンリー三世の将軍ロージャ・レイバーンが基地として使っていた——の委託を受けたジョン・ハティングなる人物は、ニシン二五一尾、ヒツジ五〇四、塩漬けブタ五一頭、大量のイチジク、コメ、干しブドウを注文している。しかし、より一般的だったのは特定の商人や商人グループからの直接購入である。ロチェスター城のロージャ・レイバーンは魚をノースフリートやストルードの商人から、オートムギをメイドストーンやリーズやネッシンドンから、ライムギをコルチェスターの商人から、ワインをロンドンのピーターやシッティングボーンのヘンリーらワイン商から購入していたようだ。

城の給水設備は食糧庫よりも敵の攻撃を受けやすかった。いつでも水の出る井戸が主塔の中かその近くにあることが、城の基本的条件のひとつではあったが、井戸は出なくなることがあり、そうなれば悲惨な事態が城を襲った。第一次十字軍遠征のとき、キリスト教徒軍はニケアに近いゼリゴルド城でトルコ軍に包囲され、水源を断たれてしまう。ウマの血や仲間の尿を飲み、濡れた土に体を埋めて水分を取ろうとしたキリスト教徒たちは、断水八日にしてついに降伏し、殺されたり奴隷として売り払われたりする運命となった。その二〇年後、ヘンリー一世のアレンソン城を包囲していたアンジュー伯ファルクはサルト川から城に通ずる地下水道を見つけてこれを破壊した。城の守備隊は降伏を余儀なくされた。一一三六年、スティーヴン王に反逆したボールドウィン・オブ・レドヴァーズがエクスター城で王軍に包囲されたとき、城内のふたつの井戸が突然涸れてしまった。守備隊は在庫が底を突くまでワインを飲み、パン焼きや料理や、また敵兵が放った火を消すにもワインを使ったが、ついに白旗を掲げることとなる。『スティーヴン王事績《ゲスタ・ステファニ》』の編者によれば「城から出てきた兵たちはみな、激しい渇きで疲れはて、弱りきっているのがわかった。外に出たとたん、兵たちは、まず何よりも先に、どんな飲み物でもかまわず、とにかく何かを飲もうと先を争った」。

テントの組み立て　左の歩兵が支柱を支え、もう1人が杭を打ち込み、3人目の歩兵がロープを持っている(大英博物館、MS. Lans. 782, f.34v)。

飢えや渇きの問題は別としても、防備を固めた要塞が攻撃をすべて退けられたわけではない。十二〜十三世紀、最も強固とされた城でさえ攻略可能であり、事実、攻め落とされることがあった。どんな城にも弱い部分があり、寄せ手は少しでも弱いところを激しく攻め立てたのである。

底土が構造上の弱点となる城も多かった。堅固な岩の上に建てられた城であれば別だが、寄せ手は城壁の地下を掘り、壁の一部を崩すことができたのである。

その手順は次のようなものだ。まず城壁の下、できれば角の部分か塔の下に向けてトンネルを掘る。掘りながら材木をたくさん使ってトンネルの天井を支えておく。城壁の真下まで掘り進んでから木の柱に火をかけると、地上の土盛りと石造りの壁が崩れるのだった。しかし、この方法は、見かけほど簡単ではなかったようだ。一二一五年、ロチェスター城を包囲していたジョン王は、近くのカンタベリーの町で「昼夜を分かたず、できるだけ多くのつるはしを作るよう」命じている。この城には十二世紀に建てられた巨大な矩形《くけい》の主塔《キープ》があり、そこを約一〇〇人の反乱騎士が多くの歩兵や弓兵とともに守っていたのだった。それから六週間がたち、トンネル掘りがかなり進んだ段階でジョン王は行政長官のヒューバート・ド・バーグに命じた。「食用に適さない、肥えたブタ四〇匹を、夜を日についで大至急送れ。塔の下を燃やすのじゃ」。ブタの脂は坑道で燃えさかり、木材の支柱が崩れて主塔の壁の大部分が倒壊したのだった。

チェプストー城のように硬い岩盤の上に建てられた城を攻撃するときには、主に二種類の兵器が使われた――中世の軍事技術家たちが古代の先輩たちから受け継いだ可動式攻城櫓と包囲攻撃用の射出機《カタパルト》である。攻城櫓はネコやクマなどと比喩的な名前で呼ばれていたが、これは部品を戦場に運び込み、その場で組み立てて作る兵器で、攻撃兵の姿を隠し、高さの点で優位に立つ守備隊を無力化するためにさまざまな工夫が凝らされていた。攻城櫓を使えば、城壁の一部を占拠したり、坑道掘りの作業をしている兵士や破城槌《バタリング・ラム》を遮蔽したりすることができた。この破城槌とは、重い角材や木の幹の先端に、鉄具や銅具（あるいは、文字どおりに牡ヒツジ《ラム》の頭）を取りつけたもので、攻撃兵たちが手で持つか革紐で吊るすかしながら槌として使った。破城槌が中世盛期の城の巨大堅牢な城門を打ち壊した例はあまりないようだが、小さな城の城門であれば破ることができた。ただし、こうした直接攻撃をはじめる前に、寄せ手がまず片付けなければならなかったのは濠の問題である。最も一般的だったのは、濠を木の枝や土で埋めたて、攻城櫓に車輪をつけて城壁のすぐ近くまで運ぶ方法だ。攻城櫓には弓の射手のほかにも、守備隊と白兵戦を交えることになる攻撃部隊も潜ませておく。大規模な攻撃軍がこうした攻城櫓を何台も作り、それぞれに兵を潜ませて城壁の数ヵ所を同時攻撃し、数の威力を見せつけることもあった。櫓は木製だったから、城の守備隊はたいまつや火矢を放って反撃することができた。

　中世の技術者たちは、引っ張りとねじりの力による古代兵器も使った。最も一般的だったのは、綱をきつく巻いた大きな枠《かせ》を用いた射出機である。枠軸に対して直角に腕木を取りつけ、腕木の先端に石砲や岩などの弾を込めておく。城壁のそばにこの機械を据え、大枠をきつく巻いて腕木に張力をかけ、地面に届くほど引いてから、急に放す。腕木は垂直に立つが、途中で当て布を巻いた横木で押さえられ、石砲が空中を飛んでいく。飛行距離の記録は多くは残っていないが、現代の実験では重さ二〇キログラムを超える岩が約一八〇メートル飛んだという。

破城槌

中世のエンジニアたちが案出したもうひとつの射出機に、平衡錘《へいこうすい》を利用した投石器《トレブシェット》がある。これは跳ね橋の操作に使われた技術でもあった。アラブ兵は何人かで腕木を押さえてから放つ方法を用いていたが、ヨーロッパ人は腕木の基部から四分の一ほどの位置に旋回軸を取りつける決定的な改良を加えたのである。腕木の基底部に射程距離によって必要な錘をつけ、錘のついた端を城に向けて据える。腕木の長いほうの先端に石砲を込める。ウィンチを使って腕木を引き下げてから、一気に放すと腕木は垂直に立ち、石砲が発射される。この方法は石砲を遠くまで正確に飛ばすことができ、引っ張りとねじりの力を利用した射出機よりも優れているとされた。十二世紀末に初めてイタリアで使われたこの投石器は、十三世紀のアルビ派討伐十字軍遠征で広く使われるようになった。投石器がイングランドに初登場したのは一二一六年、フランス王太子ルイがドーヴァー城を包囲したときであった。その翌年、テームズ河口に侵入しようとしたルイ王太子の艦隊は一台の投石器を積み込んだが、このときは投石器が効果をあげるどころか障害になってしまう。その重みで船が「甲板が水浸しになるほど沈み」、王太子の軍勢はサンドウィッチの戦いで決定的敗北を喫することになったのだった。とはいえ、投石器はひとつの標的を繰り返し正確に攻撃できたため、包囲戦では絶大な威力を発揮した。一二四四年のモンセギュール城攻略戦でアルビのデュラン司教が考案した投石器は、重さ四〇キログラムの石を、城壁の同じ個所に、昼夜分かたず二〇分間隔で投げつづけ、ついに城壁を叩きつぶしたという。

攻撃軍が引火性の兵器を使い、城郭内の木造建物に火を放つこともあった。打ち込まれた石砲がどれほどの力を発揮するかは城壁の高さと厚さ次第だったが、十二世紀初めに建てられた城壁は石砲で壊すことができ、実際に破壊されてしまったものも多い。その結果としてさらに厚い城壁が建造されることになった――たとえば、ウィンザー城の壁は厚さが七メートルを超えるものであった。

大きな城の攻防では、守備側も負けじとさま

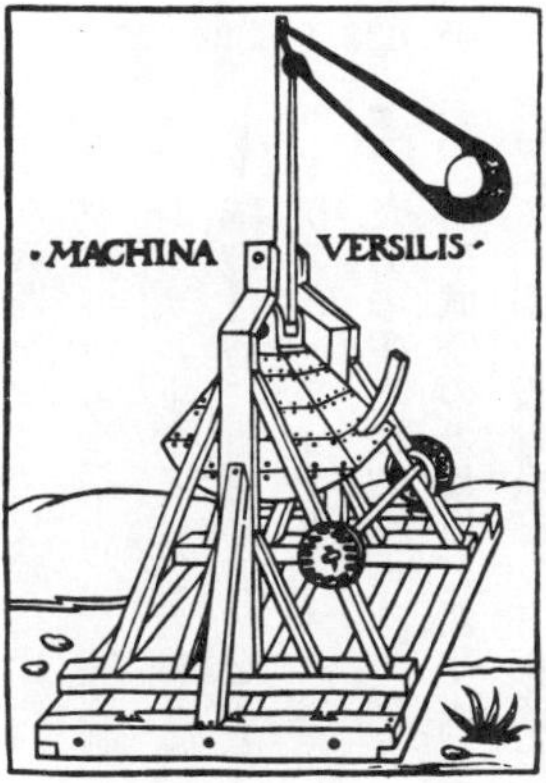

投石器

13世紀のマチェジョフスキー聖書に描かれた戦の絵　左上部で投石器に弾を込めている。調節可能な平衡錘は、中央の人馬の陰に隠れて見えない(ピアポント・モーガン図書館、MS. 638, f. 23v)。

ざまな兵器を使って反撃に出た。エドワード一世のウェールズ征服戦のとき、レジナルドなる技術者はチェプストー城の各塔に石弓発射台を四台——ウィリアム・フィッツ・オズバーンが建てたあの主塔《キープ》にも一台——据えている。塔や城壁の上に投石器《トレブシェット》や大石弓《マンゴネル》を据えて石砲を投げれば、守備隊は高さの利点を生かすことができるのだった。寄せ手が放り込んだ石砲を、そっくり投げ返すこともよくあったようだ。

さらに別の原理による兵器——石弓《クロスボウ》——があり、これも攻守双方の武器となった。古代ローマ兵も「バリスタ」と呼ばれる石弓器を使っていたが、これは城壁の上に簡単に据えることができ、巨大な矢を発射する兵器であった。中世の石弓はこれよりも小型で、簡単な携帯用ミサイル発射器として広く使われるようになったものである。小型の石弓はローマ時代にも使われてはいたのだが、あまり評価されなかったためか数世紀というもの姿を消してしまい、ヨーロッパで再登場したのは、おそらく十一世紀イタリアでのことである。第一次十字軍が使った小型石弓は、トルコ人にとっても東ローマ帝国のギリシャ人にとっても目新しい兵器と映ったようだ。新たに強力な引き金装置が開発され、それが小型石弓の復活につながったのだろう。十二〜十三世紀に広まった石弓は、横木の先に取りつけた鐙《あぶみ》型の金具を使って弦を引き絞るようになっていて、射手は石弓を下に向けて持ち、足を金具にかけ、弦をベルトに引っかける。金具を足で押さえて弓を引き絞り、弦をベルトからはずしながら石弓を上に向けて横木の下にあるレバーを引くと矢が放たれる。射程距離は三五〇メートルを超えることもあった。石弓は特に城の防衛に適していた。ウェールズやイングランドで使われていた長弓は、持ち運びに便利で、次の矢を射るまで時間がかからないという長所があり、開けた場所での戦闘では威力を発揮したが、射程距離が短く、軽い矢しか飛ばせなかったため城の攻防戦ではあまり役に立たなかった。

『ダンスタブル年史』はベドフォード城の占領の模様をまざまざと記録に残している。一二二四年、反乱を起こした領主ファルク・ド・ブレオテの居城だったベドフォード城を、ヘンリー三世の軍勢が八週間にわたって辛抱強く包囲したときのことである。ファルクの城は、中庭で隔てられた新旧ふたつの石造りの塔からなり、そのまわりを外の中庭《ベイリー》が取り囲み、城門は外塁によって守られていた。

城の東側に投石器と大石弓が二台据えられ、これらが（新しいほうの）塔を連日攻撃した。西側では、二台の大石弓が古い塔を大破した。さらに南北に一台ずつ据えられた大石弓がそれぞれ近くの城壁に穴をあけた。大石弓のほかに、木造の櫓が二基建てられた……。塔や城を見下ろすことができるほどの高さで、石弓兵や偵察兵が中にいた。加えて、さまざまな攻城機が据えられ、中に石弓兵や投石兵が潜んでいた。また、ネコと呼ばれる機械もあり……工兵たちがこれに隠れて……城壁の下で坑道を掘った。城はこれまでに四回攻撃を受けている。一回目の攻撃で外塁が落ち、守備兵が四、五人死んだ。二回目の攻撃で、外の中庭《ベイリー》が陥落し、さらに死者が出た。この中庭でわが軍はウマと馬具、軽装胴鎧、石弓、雄ウシ、ベーコン、生きたブタなど多くのものを手に入れた。穀物と干草が貯蔵されていた建物には火がつけられた。三回目の攻撃でわが軍は奥の中庭を占拠したが、これは坑道掘りの工兵たちのおかげだ。古い塔のそばの城壁が崩れたので、突撃兵たちが危険をおかして瓦礫の山を突き進み、奥の中庭に達することができたのである。大勢の味方の兵が命を落とし、塔に押し入ろうとした一〇人ほどが閉じ込められ、敵側に捕らえられた。四回目の攻撃は聖母マリア被昇天の祝日前夜、夕の祈りの頃に

13世紀のマチェジョフスキー聖書に描かれた戦闘の絵　右端は、はしご登りをしている兵士。はしごの上の塔からは、1人の兵士が矢を受けた身で石塊を投げつけている。下方中央近くには、石弓を構える兵士。標的ははしご登りの兵に向かって戦斧を振り上げている兵士。(ピアポント・モーガン図書館、MS. 638, f. 13v)。

はじまった。工兵が塔の下に火をかけたので、敵兵のいる上階の部屋まで煙が立ちこめ、塔は割れはじめ、亀裂が入った。恐れをなした敵軍は、ファルクの妻と侍女たち、および国王の司法官ヘンリー［ド・ブレイブローク］（この人物をファルクの弟ウィリアムが拘束したことが、この包囲の発端となったのだ）や、捕虜となっていたほかの騎士たちに城外に出るようまず命じ、次に自分たちは王の命令に屈して塔の上に王の旗を掲げた。こうしてその夜、敵兵たちは国王の捕虜として塔にとどまった。

翌朝、捕虜たちは国王の法廷に連行された。国王と司法官の命令によって司教が捕虜たちの破門を解除したあと、八〇人ほどの捕虜たちは絞首台に送られた。

王は人々の願いを聞き入れ、テンプル騎士団の三人を助命した。この三人は騎士団のメンバーとして、聖地で主のために戦うことになった。城の礼拝堂付き司祭は大司教によって自由の身となり、教会裁判所で裁きを受けることになった……


ファルク自身も十字軍参加を表明し、国を離れてローマに行くことを許された。城は解体されたが、奥の中庭だけは残され、その居住区にはベドフォード伯ビーチャム家が住むことになる。塔や外の中庭の石材は地元の教会に分け与えられた（石材は以前にファルクが付近のふたつの教会を壊して築城に使ったものだったから、まさに因果応報である）。

無条件降伏に出た守備隊の処遇は、概してあまり厳しいものではなかった。普通の紛争、つまり宗教対立や権威に対する反抗といった感情的要素を含まない紛争では、守備隊全員が放免されることもあった。また、騎士は身代金と引き換えに解放し、歩兵は殺すか、手足を切断するという措置を取る勝者もいた。反乱を起こした城が絶体絶命になる前に降伏を申し出て、見返りに兵たちの安全な退却を許してもらうというのもよくあることだった。

固い岩の上に建ち、食糧や水を十分に蓄え、攻撃に耐え得るように頑丈な壁で囲まれていた城でさえ、策略にかかって落ちることがあった。よく知られているのはトロイの木馬式の策略、つまり少人数で城に入り込み、城内から攻撃隊の侵入を助ける手である。城壁の守備の弱い場所を選び、夜間に密かによじ登る「はしご登り」や、守備隊の注意をそらしておき、裏門や城壁を急襲突破する策略もよく使われた。また、坑道、使われなくなった古井戸、トイレの縦坑など、特別な侵入路から城内に入ることもあったが、この例としてはリチャード獅子心王が建てたガイヤール城の一二〇四年の陥落があげられる。守備隊をおびき寄せて出撃させ、城に戻る前に城門を突破してしまうという戦略もあった。

偽装工作も策略のひとつだった。寄せ手は包囲を解いて引き揚げるように見せかけて姿を隠し、農民や商人に扮した数人の兵士を物資の欠乏している城に送り込んで、隙を見て城門を占拠する。穀物の積荷に隠れて城に潜入した騎士もいた。一一二三年、フランドルのボールドウィン伯がトルコ側の城に囚われの身となったとき、配下の兵士たちは行商人に扮して城に近づき、門衛を短剣で刺し殺して、主君を救い出したのだった。

中世の戦争の大きな特色、すなわち戦闘と休戦を断続的に繰り返す傾向は、戦争の主体が包囲攻撃だったからだといえるだろう。休戦を結んだ者同士が、互いの情報を手に入れながら、相手の攻撃を恐れずに長期間過ごすというのもよくあることだった。フランス王太子ルイとヘンリー三世は、一二一六年十月から一二一七年二月までの間に包囲戦を繰り返し、休戦協定を少なくとも五回結んでいる。

包囲軍の抜け目のない指揮官が、休戦期間をうまく利用してスパイを送り込んだり、守備隊の兵員を買収したりすることもあった。こうした手を使えば城の備蓄品について貴重な情報を摑むことができたし、真夜中に裏門を開けておいたり、城壁を無防備にしておいたりという手配をすることもできたのだ。一二六五年、女性に変装したスパイがヘンリー三世の息子エドワード王子（のちのエドワード一世）に、シモン・ド・モンフォール伯のケニルワース城の守備隊が、その夜は城を留守にするという情報をもたらした。兵たちは町に出かけ、風呂に入る予定だというのだ。『メルローズ年代記』によれば、国王の兵士たちはモンフォール伯の騎士たちが武装を解き、寝ているところを急襲した。「真っ裸で逃げていく騎士もいれば、下着だけ、あるいは下着とシャツだけの者もいた」

襲われた騎士の一行を指揮していたモンフォール伯の息子（シモン・ド・モンフォール三世）はメール湖を寝間着のまま泳ぎきり、城に帰りついた。その三日後、父親のモンフォール伯をイーヴシャムの戦いで失った若いシモンは、翌年の春には国王軍に包囲されたケニルワース城で防戦の指揮をとることになる。この城の守備隊は、弓兵二〇〇人を擁する巨大な攻城櫓一基を撃退し、大石弓でもう一基を粉砕するなど、大型兵器を駆使したあらゆる攻撃によく耐えた。カンタベリー大司教の仲介さえも効き目はなかった。大司教が城の外に立ち、守備隊の破門を宣言すると、僧服をまとった守備兵が城壁の上からあざけりの言葉を浴びせたという。国王が提示した寛大な条件を拒否したシモンだったが、クリスマスが近づく頃には糧食が底を突いてしまう。シモンは兄弟たちと城を抜け出して国外へ逃亡し、飢えと下痢に苦しむ守備隊はついに降伏を許されたのであった。

　ボーエマン・ドートヴィルは、賄賂と策略を用いてサラセン人の牙城アンティオキアを制圧した。まず、市内の三つの塔を指揮していた司令官フィルーズを富と名声と洗礼の約束で買収したボーエマンは、退却すると見せかけて、夜にまぎれて密かに引き返す戦術を取る。ボーエマンの精鋭部隊はフィルーズ守備下の城壁をよじ登り、反撃する守備兵たちを殺して城門を開けてしまう。朝までには全市がボーエマンの手中に落ちていた。ボーエマンはアンティオキアを自分の支配下に入れるという約束を、十字軍に参加した味方の諸侯から強引に取りつけていたのである。十字軍遠征中とはいえ、騎士道が説く高潔さとは無縁の、策謀に長《た》けた人物であった。

　『スティーヴン王事績《ゲスタ・ステファニ》』の編者はロバート・フィッツ・ヒューバートが陥った罠を小気味よげに描いている。このフィッツ・ヒューバートはスティーヴン王に反旗を翻した諸侯の一人で、国王側の歴史家から見れば「邪悪さと犯罪において無類の人物」だった。スティーヴン王のディヴィジス城の城壁を夜陰にまぎれてよじ登り、城の奪取に成功しながら、内戦で味方についたグロースター伯に城を明け渡すことを拒否し、城を占拠しつづけたフィッツ・ヒューバートは、近隣の領主との交渉でひどい目に遭う。その領主とはほかでもない、ジョン・フィッツ・ギルバート・マーシャル、すなわち、ウィリアム・マーシャルの父親だった。年代記編者が「同じようにずる賢く、裏切りの計画をいつでも実行するような人物」だったと評するジョンは、このとき、国王の要塞マールバラ城を占拠していた。フィッツ・ヒューバートは平和と友好の協定を結ぶため、マールバラで交渉したいとジョンに申し入れる。ジョンは同意し、フィッツ・ヒューバートを城に迎え入れるが、その後の行動はいかにもこの人らしかった。つまり、城門を閉め、「フィッツ・ヒューバートを狭い地下牢に閉じ込め、飢えさせ、拷問で苦しめ」、その身柄をグロースター伯に渡したのである。グロースター伯はフィッツ・ヒューバートをディヴィジス城に連れ戻し、守備隊の目の前で絞首刑に処した。守備隊の騎士たちはグロースター伯から賄賂を受け取り、ディヴィジス城をその手に委ねていたのである。

その翌年の一一四一年、スティーヴン軍は決定的勝利を収めたが、これは包囲軍を包囲するという、きわめて珍しい戦術による勝利であった。イングランド王位をめぐってスティーヴン王と内戦状態にあったマティルダ后妃とその異母弟グロースター伯が、ウィンチェスター司教の城を包囲攻撃したときのことである。司教はスティーヴン王を支持する諸侯に——当時、スティーヴン自身が囚われの身であったので——援軍を求める一方、みずからも大勢の騎士を雇い入れて防戦に努めていた。そこへ、スティーヴン王の妃（同じくマティルダという名前だった）が、ロンドン市から送られた一〇〇〇人余りの兵で強化された援軍を引き連れて駆けつけたのだ。逆に包囲されることになったマティルダ軍は、たいまつを放って応戦し、市内はふたつの大修道院を含む大半が炎になめつくされることになる。さらに、ステイーヴン軍の封鎖によって食糧供給が途絶え、全市は飢えに襲われる。一方、グロースター伯は、およそ九キロメートル離れたワーウェル修道院の守備を固める陽動作戦に出た。

しかし、すぐに国王側の……圧倒的な大軍が、突然ワーウェルに到着し、あらゆる方角から猛攻撃を開始した。多くが殺され、捕虜となったので、グロースター伯軍はついに教会内に逃げ込んだ。城の代わりに要塞として使われることになった教会堂内に、国王軍は四方八方からたいまつを投げ入れ、敵兵を追い出そうとした……。それは実に恐ろしく、すさまじい光景であった。信仰と祈りの家であるべき教会のあちらこちらに、武装兵の遺体が無残にも無造作に転がり、あちらでは殺し合いが続き、こちらでは革紐でつながれた捕虜たちが引きずられていく。教会や家々の屋根に火が燃え広がり、修道女たちの悲鳴が響き渡る。神に生涯を捧げた修道女たちは、火に追われて仕方なく僧坊から逃げ出してきたのだった。

軍兵を残しておきたかったマティルダ后妃とグロースター伯は包囲を解くことにし、ウィンチェスターから撤退したが、国王軍の動きは機敏であった。退却するマティルダ軍に両面攻撃をしかけて大勝したのである。年代記編者は記している。

立派な姿の美しい軍馬が乗り手を失ってさまよっている。騎士たちは疲れて意識を失い、息を引き取る寸前だ。盾や鎖帷子やあらゆる武具が、いたるところに散らばっている。立派なマントや貴金属の器など貴重品が山となり、誰でも見つけた人が持っていってくれといっているようだ。

このように、城の防衛力には限界があり、積極的な反撃の機会を与えてしまうこともあったのだ。ときとして、包囲戦にはさらに複雑な戦略パターンが組み入れられた。フランスのフィリップ二世と戦ってジョン王が勝利を収めた数少ない戦闘のひとつがその例となった。フィリップ王がディエップ南東にある堅固なアーク城を、同盟者のブルターニュ公アーサーがミラボー城を包囲した一二〇三年のことである（アーク城の守備隊を率いていたのはウィリアム・マーシャル、ミラボー城の守備隊を率いていたのはアーサー自身の祖母でジョン王の母親である、あのエレアノール・オブ・アキテーヌであった）。アーク城の守備隊が苦戦するなか、ジョン王自身が別部隊を率い、ミラボー城付近でアーサー軍への奇襲に成功する。このアーサーの敗北によってフィリップ王は、ジョン王とウィリアム・マーシャルの両部隊と向き合うことになり、結局一本の矢を射ることもないまま、アーク城包囲を断念せざるを得なくなる。退却の途中、フィリップ王はウィリアムの小部隊に攻撃を企てるが、ウィリアムは距離を置き、ルーアンへ逃れることができた。その翌年、フィリップ軍はガイヤー

アーク城跡（ノルマンディー）　1125年頃、イングランド王ヘンリー１世が築城。1203年、フランス王フィリップ２世の包囲を受けた（フランス写真資料館）。

ル城を包囲する。包囲は長期にわたったが、ジョン王はどうしてもフィリップ軍をよそにそらすことができず、堅固なこの城はついに陥落してしまう。これによってセーヌ河畔一帯がフィリップ王の手に渡り、ジョン王は結局ルーアンはじめノルマンディー全土を手放すことになったのだった。

　何度も包囲された城もあれば、包囲戦は数えるほどしか体験していない城もあるし、チェプストー城のように一度も経験しなかった城もある。無傷で残ったチェプストー城の歴史から、城のもうひとつの役割が浮かび上がってくる。すなわち、軍事攻撃の拠点として

ガイヤール城　リチャード獅子心王がセーヌ河畔に建てた要塞。奥の中庭を波形城壁が囲み、その上に主塔が見える（フランス写真資料館）。

の役割である。チェプストー城はウエールズ攻略の拠点となるべく意図的に設計された城であった。ウィリアム・フィッツ・オズバーンとその後に続いたド・クレア家は、城を十分に活用し、その目的を果たしたといえる。ただし、一〇七四年、ウィリアム・フィッツ・オズバーンの息子ロージャとノーフォーク公がウィリアム征服王に反旗を翻したときのように、チェプストー城がときとして王権に対する反乱基地となったことも事実である。

ウェールズ南端にあるペンブルック城の歴史は城が果たした攻撃的役割を、チェプストー城よりもはるかに雄弁に物語っている。一〇九三年、ウィリアム二世の治世に、アーヌルフ・ド・モンゴメリーなるノルマン騎士が水路ペンブルックにやってきた。アーヌルフは岩の多い半島に作られた古代ローマ軍野営地跡にモット・アンド・ベイリー様式の城を建て、周辺の村落の制圧に乗り出す。ところが一一〇二年になるとアーヌルフがヘンリー二世に反旗を翻したため、ペンブルック城は王に奪取されてしまう。一一三八年、スティーヴン王からこの城を与えられたギルバート・ストロングボウは城の防衛を強化し、息子のリチャード・ストロングボウはアイルランド征服の拠点として大いに活用する。のちに城主となったウィリアム・マーシャルは巨大な主塔《キープ》と大広間を増築してこの城をさらに補強し、アイルランド行政官を務めていた息子のウィリアム・マーシャル二世は、ストロングボウのときとは逆に、アイルランドから部隊を呼び寄せ、反抗的なウェールズ人を鎮圧する拠点としてこの城を利用したのであった。

城の攻撃能力が、往々にして包囲戦を引き起こす原因となったのは事実だが、城の軍事的価値はあくまでもその圧倒的な防衛能力にあった。つねに防備態勢にあり、保守整備や修理を多くは必要とせず、攻撃をすぐにも迎え撃つことができた城は、中世を通して権力の中心でありつづけたのである。

第十一章　城の一年

中世の城と城を取り囲むように暮らしていた人々は、毎年めぐってくるさまざまな祭りを生活の節目にしながら一年を過ごしていた。祭りは教会の祝日となってはいたが、実ははるか昔の異教の祭りに由来していたことが多い。人々は季節ごとにキリスト教を装った古代の農耕の祭りを祝ったのだが、当時の四季の分け方は現代の暦とはいささか違ったものだった。

冬は聖ミカエル祭（九月二十九日）からクリスマスまでで、これはコムギとライムギの種をまく季節であった。クリスマスの休みが終わると復活祭までの間に春作物——オートムギ、エンドウマメ、インゲンマメ、オオムギ、ソラマメ——の種まきがおこなわれ、復活祭の週間が終わると収穫祭《ラマス》（八月一日）までが夏、収穫祭から聖ミカエル祭までが収穫期、すなわち秋であった。

季節の区切りとなる祝日のなかで最も大きな祭りとされたのはクリスマスと復活祭だが、五月頃（正確には復活祭後の七回目の日曜日）に祝われる五旬祭《ペンテコステ》——聖霊降臨祭《ウィットサンデー》とも呼ばれた——も人々は盛大に祝った。こうした三大祭りには教会で祭典があり、その後一週間ほど休みが続くが、仕事の再開にあたっては別の祭り——今度は教会の祝い日ではなく、世俗的な祭り——を祝うのだった。あまり重要でないとされた宗教的祝日の由来は明らかに農事にまつわるものである。聖燭祭《キャンドルマス》（二月二日）は耕作の始まりを、復活週間のあとにくるホック祝節《タイド》は夏の始まりを告げた。五月には五月祭《メーデー》、祈願節、昇天祭といった三つの小祝日があり、六月二十四日は夏至祭り《ミッドサマー》であり、洗礼者ヨハネの祝日であった。次に収穫祭《ラマス》と呼ばれる聖ペトロの鎖の祝日があり、最後に刈り入れに続いて聖ミカエル祭が祝われた。

聖ミカエル祭は冬の始まりとされただけでなく、城の会計年度の始まりでもあった。村人たちが仕切りを開いて収穫のすんだ畑にウシを入れ、刈り株を食《は》ませたり、休耕地に鋤《すき》を入れて土地をならしはじめたりする頃、城の家令や荘園の管理人たちは勘定書の計算に忙しくなるのだった。

十一月は屠畜がおこなわれた月であり、アングロサクソン暦では「血の月」と呼ばれていた。飼料が乏しかったために冬の間も家畜を飼いつづけることはできなかったし、燻製や塩漬けにした肉は人間が生き延びるためにどうしても必要だったのだ。この月は万聖節《オールハロウズ》という古《いにしえ》の祭りではじまるのだが、これはもともと死者の悪霊を鎮める祭りであった。それを教会が取り入れて諸聖人の祝日と定め、その翌日を死者の日としたのである。マーティン祭と呼ばれた聖マルティヌスの祝日（十一月十一日）もまた、キリスト教に取り入れられた古代の農夫の祭りであった——後代になってから人々はケーキや小麦粉の練り菓子や「フルメンティー」を食べてこの日を祝うようになったが、このフルメンティーとはコムギをミルクで煮込み、アカスグリ、干しブドウ、香辛料などで味つけした一種のプディングである。クリスマス・イヴから公現の祝日（一月六日）——「トウェルフス・デー」とも呼ばれた——までの二週間は、畑が雨で水浸しになるか、寒さで凍ってしまう暗く重苦しい時期だったが、一四〜一五日間も続く一年中で最も長い休みとなった。農奴は賦役《ふえき》を免除され、荘園の召し使い——垣根管理人、領主の作男、ヒツジ飼い、ブタ飼い、ウシ飼い——たちには食糧、衣服、飲み物、薪などのボーナスが与えられるのだった。

お祭り気分に浮かれ、キャロルを歌い、催し物で楽しむほかに、クリスマスの季節には行動や身分についてのふだんの決まりごとが一時棚上げにされることがあった。聖ニコラウスの祝日（十二月六日）の前夜祭には大聖堂で「少年司教」たちが選ばれたが、この少年たちはやがて罪なき幼子の祝日（十二月二十八日）がやってくると、他の生徒や聖歌隊の少年たちの補佐を受けながら儀式を執りおこなうのであった。一月一日の愚者の祭りのミサには、司祭や下級聖職者たちが仮面をつけ、「戯れ歌」を歌い、履き古した靴の底革を香の代わりにいぶし、祭壇の前でソーセージを食べたという。こうしたばか騒ぎが続くクリスマスのこの時期に暴動が起きるのを恐れて、特別警備隊を任命する領主たちも多かった。ロンドンのセント・ポール大聖堂に所属する荘園の小作人たちは、クリスマスから公現の祝日までの期間に領主の館を警護することが義務づけられていたが、その報酬は「広間で存分に暖まること、それに白パン一塊と煮物一皿と（一日に）一ガロンのエール」であった。

クリスマスの季節には「人々は、ヒイラギやツタやゲッケイジュなど、この時期に手に入る緑のものなら何でも使って、教会だけでなく、どの家も飾り立てた」と、ウィリアム・フィッツスティーヴンは十二世紀のロンドンの様子を書いている。クリスマス・イヴには大薪《ユールログ》が運び込まれた——これは木の幹を大きく切り取ったもので、炉いっぱいにくべられ、クリスマスの間中ずっと燃えつづけるのであった。

クリスマスは、身分の如何を問わず、城のすべての人々にとって祝いの日だった。荘園の小作人たちは特別な地代を負担しなければならなかったが、見返りに特別な恩恵も受けた。ごく一般的だったのは、小作人がパン、メンドリ、自分たちで作ったエールを領主に献上し、領主がお返しにクリスマスの祝宴を振る舞う慣わしだが、こうした祝宴では主に小作人たちが持参した食糧が使われた。領主は自分の懐を痛めずに大盤振る舞いができたのだった。小作人たちが燃料や皿類やナプキンなどを携えてくることもよくあった。十四世紀の初め、ウェルズ大聖堂所属の荘園では、裕福な農奴三人が「白パン二塊、一日に飲めるだけのビール、カラシを添えた牛肉とベーコンの煮物、鶏肉のシチュー、チーズ、そして料理をしたり……祝宴時から夜がふけるまで燃やしたりすることができるほどの燃料とろうそく二本」を与えられたという記録が残っている。この席にはほかにも農奴たちが招待されたが、こちらは小作地が少なかったので格下だったらしく、「自分用のテーブル掛けとカップと木皿を……持参しなければならず、また自分のテーブル掛けの上に残ったものはすべて持ち帰らなければならなかった。また、この農奴には、一塊のパンを三つ切りにしたものが与えられたが、それはこの農奴が隣近所の人々と一緒に古くから伝わるクリスマスのゲームをするときに使うためのものであった」。「古くから伝わるクリスマスのゲーム」とは、ケーキやパンの中に豆を一粒隠し、隠した豆を見つけた人が祭りの王さまになる「王さまと豆」の一種だったかもしれない。グラストンベリー大修道院の荘園の多くは、クリスマスの祝宴を領主館の広間で開き、小作人たちは「テーブルで一緒に食べたいと思えば」、薪、自分たちの皿、マグカップ、ナプキンを持参しなければならなかった。振る舞われたのはパン、スープ、ビール、それに二種類の肉料理で、農奴たちは食後広間に座って飲みつづけてもよいことになっていた。

上流階級の人々についていえば、貴族や王たちは祝宴を設けたり、「衣服一式」(チュニック、外衣、マントの一揃い)や宝石を贈ったりして、騎士や家臣を手厚く遇した。一二五一年、マシュー・パリスは、ヘンリー三世がクリスマスの出費を切り詰めたばかりか、臣下に贈り物を持ってくるように強要したと不満を述べている。

この最も盛大に祝われる祭りに際して、王は(おそらくは自分の巡礼のことが心配で節約したために)騎士や家来たちに祝いの衣服を一枚も配らなかった。壮麗な衣裳、高価な

人形劇（ボドレアン図書館、MS. Bod. 264, f。54v）

宝石を臣下に与えるのは、昔から王の祖先たちすべてが慣わしとしてきたにもかかわらずに、である。王の食卓は例年のような豪華さを欠き、温かいもてなしの心も、いつものようには見られなかった。その上、王は恥知らずにも、大小修道院の院長、下級聖職者、あるいは下層階級の者どもと宿舎や食事をともにしようとし、こうした人々と時を過ごし、彼らから贈り物を求めた。人々は王や家臣たちを手厚くもてなし、華やかな催し物で楽しませたばかりでなく、王と王妃、エドワード王子、および廷臣たちそれぞれに豪華で立派な贈り物をした。そうしなければ、礼を尽くしたとはみなされなかった。実に王は、顔を赤らめることなく、贈り物を要求した。王にとって贈り物は好意のしるしというよりも、受け取るのが当たり前のもののようだった……。さらにまた、廷臣や王室の家来たちも、贅を尽くした高価な贈り物でなければ喜ばなかった。贈り物になったのは、たとえば見事な乗馬用のウマ、金や銀の杯、選び抜かれた宝石の首飾り、壮麗な飾り帯などである。

クリスマスに続く一二日間にはヨーロッパ各地で、仮面をつけたパントマイム役者の一団が町の通りを練り歩き、家々を訪ねては踊ったりさいころ遊びをしたりする光景が見られた。十四世紀にロンドンでエドワード黒太子の息子、リチャード王子（のちのリチャード二世）のためにおこなわれたパントマイム役者の見世物について、ジョン・ストウは次のように書いている。

夜になると、一三〇人の役者が仮面劇の衣裳をつけ、堂々と馬に乗ってやってきた。トランペット、サックバット（中世のトロンボーン）、コルネット、シャルム（リードパイプ）が吹き鳴らされる中、吟遊詩人たちや数えきれないほどの蠟のたいまつがこれに続き、一行はケニングトンへと馬を進めた。ケニングトンはランベスの近くにあり、若い王子が母とともに滞在していた場所である。行列の先頭には、騎士の従者の装束に身を包んだ四八人が二人一組になって進んだ。この人たちは赤い上着と薄絹の長衣をまとい、顔には端正な仮面をつけていた。続いて進んだのは、揃いの衣裳をまとった四八人の騎士である。それから皇帝を思わせる豪華な衣裳に身を包んだ人物が一人続き、そのあとに少し距離をおいてローマ教皇のように盛装した人物が、二四人の枢機卿を従えて進んだ。それから八〜一〇人の黒仮面の人々が続いたが、その姿は気味が悪く、まるで外国諸侯から遣わされた使節のようだった。

仮面役者たちはケニングトンの領主館に入ると、馬から下り、徒歩で広間へと進んだ。王子とその母、直臣たちが居室から出て広間に姿を現すと、役者たちは敬意のしるしとして一対のさいころをテーブルに取り出し、若い王子とゲームをしたいと身振りで示すのだった。役者たちは王子がさいころをふるうたびに勝つように巧みにゲームを進め……。その後、役者たちはご馳走をもてなされ、音楽が奏でられた。役者たちは踊りも踊り、王子や家臣たちも役者たちと一緒に踊った。浮かれ騒ぎが終わりに近づくと、役者たちはさらに酒を振る舞われ、それから来たときと同じように整然と隊を組んで帰途についた。

イングランドではパントマイム役者の出し物に芝居が加わるのが常だった。今も残る最も初期の形の無言劇は十六世紀にさかのぼると考えられるが、その原型が中世の「パントマイム役者の芝居」であったことは疑う余地がない。こうした芝居には剣の踊りを見せるもの、聖ジョージと龍の伝説にまつわる劇などいろいろあったが、共通するテーマがひとつだけあった。生長するすべてのものの死と再生を表す——たとえば、殺された勇者が魔法の薬を与えられてよみがえるといった戦いの物語——、おそらくは祭儀に由来するテーマである。芝居にいつも決まった役柄で登場するのは、道化と女装の男性役者であった。

女性ダンサー（大英博物館、MS. Harl. 4951, f. 300v）

正月もまた、クリスマスと同様に贈り物の季節であり、マシュー・パリスによれば、ヘンリー三世は一二四九年、ロンドン市民の「一人一人から最初の贈り物、つまり人々が縁起をかつぐ新年の贈り物」を取り立てたという。「最初の贈り物」はその年の成功を占うものとされていたし、元旦の初客は「最初の足」と呼ばれ、その家のその年の運勢を決めると考えられていたのである。この大事な訪問者は色の浅黒い男の人か少年であれば縁起がよいとされた地方もあれば、明るい色の髪をした人、あるいは偏平足の男が望ましいと考えられていた地方もある。

クリスマス休み明けの仕事始めに、荘園では鋤《すき》と糸巻き棒を称える特別な儀式がおこなわれるのだった。また、公現の祝日後の最初の月曜日は鋤の月曜日と呼ばれたが、この日の特別な催しに鋤レースがあった。これは、その年に開墾することになっている共同牧草地の一部を、村の自由民が鋤で耕す競技である。日の出とともにはじまるこのレースでは、自由民たちは細長い幾筋もの畦《あぜ》をできるだけ多く作り、それぞれ自分が作った畝《うね》にその年の種をまくことが許されたのだった。また、おそらくは中世以前からはじまり、のちに広がった「鋤祭り」と呼ばれる慣わしは、農家の少年たちが鋤を持ち、村中の一軒一軒に小銭をくれるよう頼んで歩くものだ。小銭を断られると、少年たちはその家の戸口の前を掘り返すのだった。少年たちを率いるリーダーは、ベッシーと呼ばれる老婆に扮し、外套の内側に去勢された牡ウシの尻尾を身につけていた。キツネの毛皮を頭巾のように被った男や、こん棒と袋を手にした道化師が少年たちと一緒に村を回ることもあった。

本格的な耕作がはじまるのは聖燭祭《キャンドルマス》（二月二日）からである。聖母マリアの「産後の潔め」——新たに母親になった女性が自分の結婚式の衣裳に身を包み、火を灯したろうそくを持って教会堂に入る儀式——を記念するこの聖燭祭の日（正式には聖母マリアの潔めの祝日と呼ばれた）には、村では祝いのろうそく行列がおこなわれるのだった。聖燭祭のあとには、告解の火曜日《シュロウヴ・テューズデー》（灰の水曜日の前日）がくるが、この日は余興や娯楽を楽しんで過ごす世俗的な休日だった。

四旬節に入ると城の聖堂でも村の教会堂でも祭壇には覆いがかけられ、十字架や聖像も布で覆われる。枝の日曜日には、教区民たちはイチイやヤナギの小枝を持ち、聖体と十字架を先頭に行列を組んで教会の構内を歩く式に参列する。聖金曜日になると覆いをはずした十字架が祭壇際の階段に据え置かれ、会衆は頭を低く垂れ、ひざまずいたまま進み出てこの十字架に接吻する——「十字架への膝行」と呼ばれる儀式である。次に十字架と聖体は、教会堂や聖堂の壁に特別に設けられた「復活祭の聖体安置所」へと移され、そのまわりにろうそくが灯される。復活祭の前夜には火やろうそくをすべて消し、それから新しい火を起こす儀式がおこなわれ、大きな復活ろうそくに火が灯されて、徹夜の儀式が続く間、教会堂の中を照らしつづけるのだった。聖体安置所は復活祭の朝になると開かれ、聖体と十字架は祭壇へと戻された。

復活祭にもクリスマスと同じように領主と小作人たちの交流があり、小作人が領主にたまごを献上すれば、領主は荘園で食事を振る舞うのであった。復活祭に続く一週間は農奴たちの休みの日で、楽しい催しが開かれた。フィッツスティーヴンは十二世紀ロンドンのテームズ川で、復活祭の週間におこなわれた船上の槍競技の模様を次のように記している。回転式的に槍を突く競技がおこなわれている間、「橋の上や岸壁、川岸の家々の前に大勢の見物人が立ち、その様子を見ながら笑い合っていた」。

復活祭週間の終わりを告げるのはホック祝節、すなわち復活祭後の第二月曜日と火曜日である。ある地方では、ホック祝節の月曜日に妻が夫をムチで叩き、火曜日には夫が妻を叩く慣わしがあった。

ホック祝節のあとにくる五月祭の行事とともに夏がはじまった。夏は求愛の季節、道徳上のタブーが緩められるときでもあった。村の若者たちが夜明け前に森に繰り出して野の花や青葉を摘んだり、サンザシの枝を取ってきたりする「五月の花摘み」の行事には、ときに村の長老や聖職者さえも参加するのだった。森の中で一夜を明かす人々もいた。十三世紀の冒険物語『ギョーム・ド・ドール』には「とても陽気な都市」マインツにおける五月祭の様子が描かれている。これによれば、人々は森の中で「古《いにしえ》の慣習に従って」夜を過ごし、朝になると歌いながら町中をめぐって「五月の花を運び」、窓やバルコニーに吊るしたという。ダンスやゲームを取り仕切る五月の王と女王が、若者たちの中から選ばれることもあった。

祈願節——昇天祭（復活祭後四〇日目）の前の月曜日、火曜日、水曜日——を農家の人々は「組みの日《ギャングデーズ》」と呼んで祝った。この日、村人たちは司祭を先頭に「一団を組んで」十字架や旗や鈴、灯し火やたいまつなどを手に村の境界周辺を行列して回り、ヤナギの杖であたりを叩いて「境界線を検分した」。幼い男の子を小川や池の水に浸し、おしりを木や岩にぶつける慣わしもあったが、これは村の境界を覚えさせるためだった。行列はカシやトネリコの古木の下など、古くから慣わしとなっている地点で止まり、そこで司祭は祈りを捧げ、作物を祝福するのだった。祈願節が過ぎると聖霊降臨祭がめぐってくるが、この大祝日に続く一週間の休みには農奴は領主のための労働を休むことができた。

六月、ヒツジの毛を刈り終えた村人たちは夏至祭り《ミッドサマー》を迎える。これは、洗礼者ヨハネ誕生の祝日（六月二十四日）の前夜祭である。十三世紀の説教集には、この祭りの日に少年たちが骨や廃物を集めて燃やし、たいまつを手に畑をめぐった様子が描かれているが、これはあたりを徘徊して井戸に毒を入れると恐れられた龍を追い払うためだったという。また、車輪に火をつけ、丘の斜面を転がす行事もあったが、これは太陽の高度が頂点に達し、これから下がっていくことの象徴だった。

聖ヨハネの祝日は昔から干草用の牧草刈りをはじめる日と決まっていて、牧草刈りは収穫祭《ラマス》（八月一日）まで続けられた。収穫祭——古英語の「パンのミサ」を語源とする言葉——は初物を祝う日であり、新たに収穫したコムギで焼いたパンが教会で祝別された。

穀物を納屋に運ぶ二輪の荷車　ラトレル詩篇集から（大英博物館、MS. Add. 42130, f. 175v）。

収穫祭のあとには刈り入れがやってきた。農奴たちが領主のために刈り入れの奉仕をし、特別手当を支給される季節である。収穫の最終日には、畑で働く人々がチームを組んで畝の刈り入れを競い合ったり、最後に残った株を刈り取らずにおいて、かわいらしい少女に刈り取らせたり、作男たちが次々に鎌を放り投げて株を倒したりといったイベントもあったようだ。最後の束に飾りをつけて納屋に運び込み、音楽を奏でて浮かれ騒ぐ人々もいた。夕方になると収穫祝いの宴会が催されるのだが、地方によっては農奴が領主の館に行き、「収穫祝い歌」を祝宴で歌わなければならないこともあった。

こうして一年がめぐり、再び聖ミカエル祭を迎えると、新しい一年がはじまるのであった。

地域によって祝い日の違う祝日に「ウェイクデー」――小教区守護聖人の祝日をこう呼んだ――がある。当時の祭りは主に宵祭り《ウェイク》――前夜祭――として祝われることが多かった。本祭りの前夜に遅くまで起きているのは農民にとっても子どもたちにとってもいつも特別な楽しみだったのだ。だが、この「ウェイクデー」は、楽しみどころか、けんかや流血騒ぎのきっかけになることがよくあった。というのも、この祝日にはあるひとつの小教区から枝分かれしてできた小教区の会衆が、行列を組んで親教会を称える行事がおこなわれたのだが、われこそが先んじたのだと、小教区同士が譲らないことがあったからだ。十三世紀には、人々は徹夜をし、朝になると小教区の守護聖人の祝日を祝うミサに参列し、その後は教会の庭などで楽しく一日を過ごすようになっていく。さらに時代が下ると、この祝日は重要な市が立つ日となっていった。

十三世紀の村人と城の住人たちにとって、一年はこのように過ぎていった。村人たちの暮らしも城の暮らしも、村をあげて毎年繰り返される植え付けと刈り入れに、すべて依存していたのである。

第十二章　城の衰退

十四世紀になると城は軍事的価値を失いはじめるが、十五世紀にはこの現象が急速に進むことになる。城の衰退は、鎧兜の騎士の場合と同様に、火薬の登場と関連づけて語られることが多い。たしかに百年戦争の末期（一四四六〜五三年）、それまで数々の包囲戦に耐えてきたフランス西部各地の古い要塞が、国王軍の強力な鉄製射石砲が発射する重い石の砲弾を受けて、驚くほど簡単に崩れていった。しかし、城は新兵器が登場したために衰退したわけではないし、新兵器だけが城を衰退させたわけでもない。厚い石造りの城壁は大砲の砲丸にも耐えることができたし、砲台として使えば有利なこともあったのだ。城も騎士も、銃火器が登場したことでただちに戦場から退場を余儀なくされたわけではなく、十六世紀、あるいはそれ以降も戦争で一定の役割を果たしつづけた。チェプストー城では十七世紀になってから、一部の塔の矢狭間《やはざま》が銃器用に改修され、南の城壁に厚みが加えられてマスケット銃用の狭間が取りつけられているし、一三八六年に沿岸防衛を目的として築城されたサセックスのボーディアム城では、城門に大小ふたつの鍵穴形砲門が設けられている。ヘンリー八世がイングランド南東部の海岸沿いにずらりと城を建て、大砲を据えたのは十六世紀のことであっ

ファレーズ城（ノルマンディー）　城壁の矢狭間が銃器用に改造されている。

た。

　十五世紀イングランドのバラ戦争でも、十六世紀フランスの宗教戦争でも、さらには十七世紀イングランドの内戦でも、甲冑や城はかなりの役割を果たした。だが、城の重要性は次第に薄れていった。衰退の真の原因となったのは火薬ではなく、中央集権である。君主（あるいは独裁者）の周辺で急速に台頭しはじめた主要な政治勢力は、その基盤のかなりの部分を発展著しい都市に置いていたのである。都市は裕福な商人を擁し、商人たちが払う税金を使えば、高価な大砲を装備した大規模な傭兵団を雇い入れることができた。甲冑をつけず、お粗末な火縄銃一丁をあてがわれた歩兵一人と騎士一人とを比べれば、戦場ではまだ騎士のほうが役に立ったが、歩兵一〇人と比べるとその価値は逆転し、しかも雇う側にしてみれば騎士のほうが高くついたのだ。同じような判断が築城についても適用された。その上、ヨーロッパの政治地図が塗り替えられるにつれ、昔から辺境を守ってきた城は時代にそぐわなくなっていった。長い間紛争が続いたイングランドとウェールズの境界、あるいはノルマンディー、ブルターニュとフランスの境界に建てられた多くの城がその証しである。

火薬時代に破壊された城は、戦闘で損傷を受けただけというよりは、徹底的に破壊されたものが多い。一六四〇年代のイングランドでは、チャールズ一世の側についた多くの城が相次いで清教徒《ピューリタン》に占拠されていった。中世を通して一度も脅威を受けたことのなかったチェプストー城も、城壁が破られ、敵の侵入を受けた。城の司令官ニコラス・キーミズ卿は殺されたが、キーミズ卿が殺された場所を示すプレートが、修復された現在の南の城壁に埋め込まれている。包囲戦でさらに深刻な被害を受けたアルンデル城は、砲撃による損傷がひどく、そのためのちに大規模な修復が必要となったが、その外塁壁には砲弾跡がいまだに残っている。ケニルワース城がたどった運命は、時代の変遷をさらによく表している。シモン・ド・モンフォールとその息子が拠点とし、歴史に残る一二六六年の包囲戦の場となったこの古城を取り壊す動きが一六四九年になって議会ではじまったのである。息を吹き返した王党派が抵抗運動の拠点として利用することを恐れた動きであった（その前年には、王党派の拠点であったペンブルック城が、包囲戦に出たオリヴァー・クロムウェルを手こずらせていた）。この動きを見たモンマス家の当主――この家はモンフォール家が去ったあと、王の家令としてケニルワース城を継いでいた――が政府を説得し、城を取り壊す代わりに「無力化する」ことが決まった。つまり、城壁に隙間を開け、キープの壁を取り壊して、軍事的には使い物にならないようにしたのである。

同じ頃、フランスでも宰相リシュリュー枢機卿によって、塔の上部を取り壊すなど、城の無力化が進められていた。頑迷に反対すれば塔の上部だけでなく、城主の首も切り落とされることになったのだった。若い策謀家サン・マールとそのロアール川沿いの居城の塔がたどった運命は、まさにその例である。

城は要塞としてだけでなく、住居としても時代遅れになっていった。より住み心地よく、より優雅な住まいを求める人々の願いに沿うように、城には中世を通して改良が加えられていたが、十七世紀になると、貴族たちの間では住居専用の宮殿が好まれるようになった。古い城やその一部が徹底的に改修され、照明や暖房などの設備が揃った快適な邸宅になって、もともとの城主一族が今でも住みつづけていることもある。また、古びた主塔《キープ》が放置され

アンジェ城（メーヌ川沿い、ロアール川との合流点付近）　これはルイ９世が建てた大城壁の南門。円筒形の塔の基底部は厚みが加えられ、粘板岩と砂岩が交互に使われ、縞模様ができている。塔は城壁の上にそびえ、突き出し狭間と円錐形の屋根がついていたが、アンリ３世時代のフランスで宗教戦争が続いたとき、塔の上部が取り壊された。

たまま美しい史跡として残り、その脇か前面に、窓がたくさんある瀟洒《しょうしゃ》な邸宅が建てられることもあった。しかし、モット・アンド・ベイリー様式の初期の要塞でも十三世紀の城の居住区でも、城の暮らしの中心であった大広間は、こうした邸宅の出現で変化をせまられることになる。プライバシーが求められ、城主一家専用の食堂や個室が増えていくにつれて、中世を通してより広く、より凝った作りに成長しつづけた大広間の重要性が失われていったのである。十三世紀の大広間は、十七世紀にはとうとう召し使いたちのたまり部屋になっていた。

普通の住居には適さない多くの城は、特別な目的で使われるようになっていった。チェプストー城のマーテンの塔は清教徒の一囚人の快適な幽閉所となったが、多くは——ロンドン塔やパリのバスティーユなどの十数ヵ所——長い間牢獄として使われ、主に政治犯の囚人たちにとって恐ろしい場所となった。だが、啓蒙思想や監獄改革のおかげで、城はやがてこうした不名誉な役割から解放され、よりまともな仕事が与えられるようになっていく。特に、首都や大都市の城の多くは、古文書館や公文書センターなど政府施設として使われるようになった。ノルマンディーのジゾール城は美しい公共の庭園となったし、美術館や博物館として利用されるようになった城もある。イングランドのノーウィッチ城は、古代および先史時代ブリテン島の考古学的資料の収集で有名だ。ロアール河畔のソミュール城は装飾美術と乗馬関連資料の収集で、またミラノのスフォルツァ城も考古学資料や美術品の立派なコレクシ

ノジャン・ル・ロトル城（パリの南西）　13世紀に建てられたペルシュ伯の城。城門に現代風の窓が取りつけられた。左に見える巨大な矩形主塔の高さは30メートルを超える。

ヨンで知られている。

こうした平和で文化的な任務が与えられているとはいえ、現代でも城が昔の勇者の顔をのぞかせることがときどきある。ドーヴァー城には十九世紀を通して、また二十世紀になってからでさえ、守備隊が配備されていたし、二度の世界大戦ではヨーロッパの多くの城が戦闘任務につくことになった。イングランドの沿岸地帯に建っている城は、ヘイスティングスの古城を含め、多くが監視所や対空砲の格好の据付場所として使われた。三世紀にローマ兵が「サクソン人の海岸」に造った要塞の内側にノルマン人が築いたペヴェンシーの城には、一九四〇年、ドイツ軍の侵攻に備えて、機関砲の砲座二基とトーチカが、ローマの砦跡の一部に見せかけて設けられた。それから四年後、この古代の砦はアメリカ空軍の無線方位測定基地となった。フランスやドイツやイタリアの城は、小火器ばかりか大砲の攻撃にさえ耐え得る陣地や避難所として繰り返し使われた。アメリカ陸軍第四二師団の兵士たちは一九四五年、ヴュルツブルグ城の城壁が、マイン川越しに飛んでくるドイツ軍の八八ミリ砲弾から自分たちを立派に守ってくれることに気がついた。二十世紀の薄い高性能砲弾は、十五世紀の石の砲丸ほどには、石造城壁を傷つけなかったのだ。

しかし、中世ヨーロッパの城の最も大きな役割は、観光名所としてのものだろう。イギリス、フランス、ドイツ、スペイン、イタリアなど各国で、ガイドや案内書の助けを借り、少しばかりの想像力を働かせながら、城の草深い中庭に立ってみよう。そして、風雨に晒された城壁や塔、消えてしまった木造の建物の間を人々が——弓兵、騎士、召し使い、ウマ、荷馬車の御者、城主、奥方、客人たち、それにタカや狩猟犬、ブタやニワトリも——行き交う様を思い浮かべるのだ。騒々しく、物騒で、心地よいとはいえないが、それでもたまらなく魅力的な十三世紀の暮らしが見えてくるに違いない。

訳者あとがき

本書はJoseph and Frances Gies, *Life in a Medieval Castle* (Harper & Row, Publishers, New York, 1974.) の翻訳である。

著者のジョゼフ・ギースとフランシス・ギースは、実に三〇年余にわたって中世の歴史の本を書きつづけているアメリカの作家であり、本書ではウェールズ東南端にそびえる古城、チェプストー城とその城主となった四家族の盛衰を軸に、十一世紀から十三世紀にかけて人々がどのような暮らしを営んでいたかをさまざまな角度から描き出している。

本書を通して見えてくるのは、「個人が所有する要塞」としての城が、小さな丘の上のシンプルな砦として生まれ、厚い城壁に囲まれた堅固な城へと成長し、やがて時代に取り残されていくという大きな流れである。その間にイングランドで起きた歴史的大事件——ノルマン人による征服——をはじめ、そののち延々と続いた王と諸侯の確執について、あるいは封建制という中世独特の制度について、本書はかなり幅広く取り上げる。とはいえ、本書は歴史や築城技術史の解説書というわけでは決してない。著者たちが目指すのは、城の時代に生きた人々の暮らしに光を当てることなのである。

著者たちは実にさまざまな資料を使って城の時代の人々の生の声を伝えてくれる。年代記などの歴史的記述や裁判記録といった公文書はもとより、当時の歌や詩、家令が主人に書き送った数々の報告書、あるいは貴族の家の家計簿までが紹介されているのだ。当時の人々に直接語らせているということの点が、本書の最大の魅力であろう。

こうした資料から浮かび上がってくるのは、たくましく個性的な人々である。電光石火ともいえる動きでイングランドを手中にしたウィリアム征服王、その後を継いだノルマン朝やプランタジネット朝の王たち、あるいは広大な封土を授かった有力諸侯たちといった、いわば「主役級」の人々は数々の胸躍るエピソードを残してくれた。一方、「脇役たち」もそれぞれ実に個性的である。少しでも懐を潤そうと、あれこれと頭をひねる策士もいれば、争いの種をまき、戦争に乗じて出世をはかる野心家も登場する。主人のために骨身惜しまず働く家令や、役人に無言の抵抗を示す村人たちの話もおもしろい。

さて、本書の随所で引用されている年代記編者のなかで、とりわけ印象的なのはマシュー・パリス（一二〇〇年頃～一二五九年）という修道士である。ヘンリー三世の宮廷に出入りして人脈を広げ、多くの情報を得たパリスは、強い信念を持ち、国王の悪政や教皇庁の圧力に対して辛口の筆をふるった硬骨の人と評されるが、こうした人柄は本書の引用——主に『イギリス人史』（*Historia Anglorum. English History from the Year 1235 to 1273*, trans. J. A. Giles London, 1854.）からの——にもよく表れている。

また、本書でリンカン伯夫人にいろいろと助言をしているロバート・グローステスト司教（一一七〇年頃〜一二五三年）は、「イギリスの学問的伝統の基礎を築いた」とされる神学者・哲学者・科学者である。グローステスト司教は一二四〇年頃、親交のあったリンカン伯夫人マーガレットが夫に先立たれ、四ヵ所の荘園を自分で切り回さなければならなくなったのを見て、荘園経営の手引きをプレゼントしたといわれている。『ロバート・グローステスト司教の規則』（*Robert Grosseteste's Rules*, trans. Elizabeth Lamond, London, 1890.）として知られるこの手引きの一部が、本書で紹介されている助言である。偉大なこの学者が農事やエチケット、召し使いの扱い方などについてこまごまとした心配りを記していたというのも、興味深いことである。また、この伯夫人マーガレットはのちにチェプストー城主となった第五代ペンブルック伯ウォルター・マーシャルと再婚したといわれている。

本書を手にした読者が、はるか昔の荒々しい時代を懸命に生き抜こうとした人々のドラマを楽しんでくだされば、これほどうれしいことはない。

なお、本書にはヨーロッパの城郭に関する独特の用語が随所に出てくるが、これらの訳語には平易な日本語を使うことを心がけ、ルビをふって原語の意味を表すようにした。また、地名・人名については、本書が英語圏の一般読者を対象にした本であるということを考え、原則として英語読みに近いカナ表記を用いた。ただし、ほかの読み方が定着している場合はこの限りではない。訳出には微力ながら全力をつくしたが、訳者の無知、不注意のため至らないところがあるかと思う。ご教示、ご批判をいただければ幸いである。

訳出にあたっては主に次の図書を参考にさせていただいた。

青山吉信編『世界歴史大系　イギリス史　一』一九九一年、山川出版社
阿部謹也・網野善彦・石井進・樺山紘一『中世の風景上・下』二〇〇〇年、中央公論新社
阿部謹也『中世の星の下で』一九九九年、筑摩書房
石井美樹子『中世の食卓から』一九九七年、筑摩書房
植田重雄『ヨーロッパの祭と伝承』一九九九年、講談社学術文庫
アンドレアス・カペルラヌス『宮廷風恋愛の技術』野島秀勝訳、一九九〇年、法政大学出版局
アンドレーアース・カペルラーヌス『宮廷風恋愛について』瀬谷幸男訳、一九九三年、南雲堂
フランシス・ギース、ジョゼフ・ギース『中世の家族』三川基好訳、二〇〇一年、朝日新聞社
小山貞夫『中世イギリスの地方行政』一九九四年、創文社

アニェス・ジェラール『ヨーロッパ中世社会史事典』池田健二訳、一九九一年、藤原書店
ジュヌヴィエーヴ・ドークール『中世ヨーロッパの生活』大島誠訳、一九七五年、白水社
新倉俊一『ヨーロッパ中世人の世界』一九九八年、筑摩書房
マリ・ド・フランス『レ—中世フランス恋愛譚—』本田忠雄・森本英夫訳、一九八〇年、東洋文化社
ハインリヒ・プレティヒャ『中世への旅　騎士と城』平尾浩三訳、二〇〇二年、白水社
マルク・ブロック『封建社会』一九九八年、河出書房新社
紅山雪夫『ヨーロッパの旅　城と城壁都市』一九九八年、創元社
堀米庸三編『生活の世界歴史　六　中世の森の中で』一九七五年、河出書房新社
オットー・ボルスト『中世ヨーロッパ生活誌Ⅰ・Ⅱ』永野藤夫他訳、一九九八年、白水社
フィオーナ・マクドナルド文、マーク・バーギン画『中世の城』桐敷真次郎訳、一九九三年、三省堂
三好洋子『イギリス中世村落の研究』一九八一年、東京大学出版会
ウィリアム・ラングランド『農夫ピアズの幻想』池上忠弘訳、一九九三年、中央公論新社中公文庫
ウィリアム・ラングランド『農夫ピアースの夢』柴田忠作訳、一九八一年、東海大学出版会

さらに、Encyclopaedia Britannica、日本放鷹協会、鷹匠波多野幾也氏、英国放送協会のウェブサイトからも貴重な参考資料をいただいたことを申し添えたい。

終わりに、本書を訳出する機会を与えてくださった講談社学術文庫編集部の福田信宏氏、企画ＪＩＮの清水栄一氏に深く感謝したい。また、ＶＴＲ資料を提供してくださった福永絢子氏、フランス語の語句について教えてくださった伊藤明子氏、原文解釈について「ごく普通のアメリカ人読者」として示唆を与えてくださったメリールー・マッテン氏とグレゴリー・ゲシュリン氏にも謝意を表したい。

二〇〇五年四月八日

栗原　泉

ジョゼフ・ギース／フランシス・ギース

Joseph Gies（1916–2006），Frances Gies（1915–2013）。アメリカの歴史著作家。中世史に関する著作多数。『中世ヨーロッパの都市の生活』『大聖堂・製鉄・水車』など。

栗原　泉（くりはら　いずみ）

1965年，米国セント・メリー大学卒業（英語・哲学専攻）。エンサイクロペディア・ブリタニカ日本支社編集部勤務を経て，現在，翻訳に携わる。訳書『アメリカの対北朝鮮・韓国戦略』（共訳）。

講談社学術文庫

定価はカバーに表示してあります。

中世《ちゅうせい》ヨーロッパの城《しろ》の生活《せいかつ》

J・ギース，F・ギース／栗原《くりはら》泉《いずみ》訳

2005年6月10日　第1刷発行
2018年6月28日　第19刷発行

発行者　渡瀬昌彦
発行所　株式会社講談社
東京都文京区音羽 2-12-21 〒112-8001
電話　編集（03）5395-3512
販売（03）5395-4415
業務（03）5395-3615
装　幀　蟹江征治
印　刷　豊国印刷株式会社
製　本　株式会社国宝社
本文データ制作　講談社デジタル製作

ISBN4-06-159712-4

「講談社学術文庫」の刊行に当たって

　これは、学術をポケットに入れることをモットーとして生まれた文庫である。学術は少年の心を養い、成年の心を満たす。その学術がポケットにはいる形で、万人のものになることは、生涯教育をうたう現代の理想である。

　こうした考え方は、学術を巨大な城のように見る世間の常識に反するかもしれない。また、一部の人たちからは、学術の権威をおとすものと非難されるかもしれない。しかし、それはいずれも学術の新しい在り方を解しないものといわざるをえない。

　学術は、まず魔術への挑戦から始まった。やがて、いわゆる常識をつぎつぎに改めていった。学術の権威は、幾百年、幾千年にわたる、苦しい戦いの成果である。こうしてきずきあげられた城が、一見して近づきがたいものにうつるのは、そのためである。しかし、学術の権威を、その形の上だけで判断してはならない。その生成のあとをかえりみれば、その根は常に人々の生活の中にあった。学術が大きな力たりうるのはそのためであって、生活をはなれた学術は、どこにもない。

　開かれた社会といわれる現代にとって、これはまったく自明である。生活と学術との間に、もし距離があるとすれば、何をおいてもこれを埋めねばならない。もしこの距離が形の上の迷信からきているとすれば、その迷信をうち破らねばならぬ。

　学術文庫は、内外の迷信を打破し、学術のために新しい天地をひらく意図をもって生まれた。文庫という小さい形と、学術という壮大な城とが、完全に両立するためには、なおいくらかの時を必要とするであろう。しかし、学術をポケットにした社会が、人間の生活にとってより豊かな社会であることは、たしかである。そうした社会の実現のために、文庫の世界に新しいジャンルを加えることができれば幸いである。

一九七六年六月　　　　　　　　　　野間省一

中国古代の文化
白川　静著
中国の古代文化の全体像を探る。斯界の碩学が中国の古代を、文化・民俗・社会・政治・思想の五部に分ち、日本の古代との比較文化論的な視野に立って、その諸問題を明らかにする画期的作業の第一部。
441

ガリア戦記
カエサル著／國原吉之助訳
ローマ軍を率いるカエサルが、前五八年以降、七年にわたりガリア征服を試みた戦闘の記録。当時のガリアとゲルマニアの事情を知る上に必読の歴史的記録として有名。カエサルの手になるローマ軍のガリア遠征記。
1127

十字軍騎士団
橋口倫介著
秘密結社的な神秘性を持ち二百年後に悲劇的結末を迎えたテンプル騎士団、強大な海軍力で現代まで存続した聖ヨハネ騎士団等、十字軍遠征の中核となった修道騎士団の興亡を十字軍研究の権威が綴る騎士団の歴史。
1129

内乱記
カエサル著／國原吉之助訳
英雄カエサルによるローマ統一の戦いの記録。前四九年、ルビコン川を渡ったカエサルは地中海を股にかけ政敵ポンペイユスと戦う。あらゆる困難を克服し勝利するまでを迫真の名文で綴る。ガリア戦記と並ぶ名著。
1234

秦漢帝国　中国古代帝国の興亡
西嶋定生著
中国史上初の統一国家、秦と漢の四百年史。始皇帝が初めて中国全土を統一した紀元前三世紀から後漢末までを兵馬俑の全貌も盛り込み詳述。皇帝制度と儒教を軸に劉邦、項羽など英雄と庶民の歴史を泰斗が説く。
1273

隋唐帝国
布目潮《ちょう》渢《ふう》・栗原益男著
三百年も東アジアに君臨した隋唐の興亡史。律令制の確立で日本や朝鮮の古代国家に多大な影響を与えた隋唐帝国。則天武后の専制や玄宗と楊貴妃の悲恋など、波乱に満ちた世界帝国の実像を精緻に論述した力作。
1300

外国の歴史・地理

堀越孝一著
中世ヨーロッパの歴史
ヨーロッパとは何か。その成立にキリスト教が果たした役割とは？　地中海古代社会から森林と原野の内陸部へ展開、多様な文化融合がもたらしたヨーロッパ世界の形成過程を「中世人」の眼でいきいきと描きだす。

1763

J・ギース、F・ギース著／青島淑子訳
中世ヨーロッパの都市の生活
一二五〇年、トロワ。年に二度、シャンパーニュ大市が開催され、活況を呈する町を舞台に、ヨーロッパの人々の暮らしを逸話を交え、立体的に再現する。活気に満ち繁栄した中世都市の実像を生き生きと描く。

1776

伊東俊太郎著（解説・三浦伸夫）
十二世紀ルネサンス
中世の真っ只中、閉ざされた一文化圏であったヨーロッパが突如として「離陸」を開始する十二世紀。多くの書がラテン訳され充実する知的基盤。先進的アラビアに接し文明形態を一新していく歴史の動態を探る。

1780

岡田英弘・神田信夫・松村　潤著
紫禁城の栄光　明・清全史
十四〜十九世紀、東アジアに君臨した二つの帝国。遊牧帝国と農耕帝国の合体が生んだ巨大な多民族国家・中国。政治改革、広範な交易網、度重なる戦争……。シナが中国へと発展する四百五十年の歴史を活写する。

1784

岩村　忍著
文明の十字路＝中央アジアの歴史
ヨーロッパ、インド、中国、中東の文明圏の間に生きた中央アジアの民。東から絹を西から黄金を運んだシルクロード。世界の屋根に分断されたトルキスタン。草原の民とオアシスの民がくり広げた壮大な歴史とは？

1803

井上浩一著
生き残った帝国ビザンティン
興亡を繰り返すヨーロッパとアジアの境界、「文明の十字路」にあって、なぜ一千年以上も存続しえたか。皇帝・貴族・知識人は変化にどう対応したか。ローマ皇帝の改宗から帝都陥落まで「奇跡の一千年」を活写。

1866

外国の歴史・地理

モンゴルと大明帝国
愛宕《おたぎ》松男・寺田隆信著
征服王朝の元の出現と漢民族国家・明の盛衰。チンギス＝カーンによるモンゴル帝国建設とそれに続く元の中国支配から明の建国と滅亡までを論述。耶律楚材の改革、帝位簒奪者の永楽帝による遠征も興味深く説く。
1317

朝鮮紀行 英国婦人の見た李朝末期
イザベラ・バード著／時岡敬子訳
百年まえの朝鮮の実情を忠実に伝える名紀行。英人女性イザベラ・バードによる四度にわたる朝鮮旅行の記録。国際情勢に翻弄される十九世紀末の朝鮮とその風土、伝統的文化、習俗等を活写。絵や写真も多数収録。
1340

アウシュヴィッツ収容所
ルドルフ・ヘス著／片岡啓治訳（解説・芝　健介）
大量虐殺の責任者R・ヘスの驚くべき手記。強制収容所の建設、大量虐殺の執行の任に当ったヘスは職務に忠実な教養人で良き父・夫でもあった。彼はなぜ凄惨な殺戮に手を染めたのか。本人の淡々と語る真実。
1393

古代中国 原始・殷周・春秋戦国
貝塚茂樹・伊藤道治著
北京原人から中国古代思想の黄金期への歩み。原始時代に始まり諸子百家が輩出した春秋戦国期に到る悠遠な時間の中で形成された、後の中国を基礎づける独自の文明。最新の考古学の成果が書き換える古代中国像。
1419

中国通史 問題史としてみる
堀　敏一著
歴史の中の問題点が分かる独自の中国通史。中国の歴史をみる上で、何が大事で、どういう点が問題になるのか。書く人の問題意識が伝わることに意を注ぎ古代から現代までの中国史の全体像を描き出した意欲作。
1432

コーヒー・ハウス 18世紀ロンドン、都市の生活史
小林章夫著
珈琲の香りに包まれた近代英国の喧噪と活気。十七世紀半ばから一世紀余にわたりイギリスの政治や社会、文化に多大な影響を与えた情報基地。その歴史を通し、爛熟する都市・ロンドンの姿と市民生活を活写する。
1451

外国の歴史・地理

松本宣郎著
ガリラヤからローマへ 地中海世界をかえたキリスト教徒
帝国の辺境からあらわれた奇妙な集団。それがキリスト教徒だった。いかがわしく忌まわしい存在とされた彼らは迫害を乗り越え、どのようにして社会をかえていったのか。世界宗教へと飛躍する、一歩手前の物語。

2426

フランシス・ギース著／椎野　淳訳
中世ヨーロッパの騎士
十字軍、吟遊詩人、アーサー王物語、そしてドン・キホーテ……。豪壮な城での華麗な騎馬試合、孤独な諸国遍歴。王の信頼を争いつつも強い連帯意識で結ばれていた馬上の戦士たち。その栄光の時代と黄昏を描く。

2428

澁谷《しぶたに》由里著
馬賊の「満洲」 張作霖《ちょうさくりん》と近代中国
馬賊から軍閥、そして元帥へ――。虚飾にとらわれた張作霖像を解体し、中国社会が包含する多様性にねざす地域政権と自治組織の真実を描く。近代へと歩を進める中国と日中関係史を鮮やかに描き出した意欲的作。

2434

マルク・ブロック著／高橋清德訳
比較史の方法
歴史学に革命を起こした「アナール派」の創始者による記念碑的講演。人はなぜ歴史を学ぶのか？　そして、歴史から何を知ることができるのか？　根本的な問いを平易に説いた名著を全面改訂を経た決定版で読む。

2437

長澤和俊著
世界探検史
太古の人々の移動から、アレクサンドロスの東征、ヨーロッパによる「地理上の発見」、二十世紀の極地探検まで、古今東西の探検家を網羅し、人類の歩みを通観するユニークな世界史。壮大なロマンと情熱のドラマ。

2438

チャールズ・H・ハスキンズ著／別宮貞徳・朝倉文市訳
十二世紀のルネサンス ヨーロッパの目覚め
ローマ古典の再発見、新しい法学、アラビアの先進知識との遭遇、大学の誕生――イタリア・ルネサンス以前、中世の西欧ではすでに知的復興が行われていた！　世界史の常識を覆し、今も指標とされる不朽の名著。

2444